杭州优秀传统文化丛书
Hangzhou Youxiu Chuantong Wenhua Congshu

侬是江南踏浪儿

孙昌建 —— 著

杭州出版社

图书在版编目（CIP）数据

侬是江南踏浪儿 / 孙昌建著 . -- 杭州：杭州出版社，2021.12
（杭州优秀传统文化丛书）
ISBN 978-7-5565-1574-5

Ⅰ.①侬… Ⅱ.①孙… Ⅲ.①文化－名人－生平事迹－杭州 Ⅳ.① K825.4

中国版本图书馆 CIP 数据核字（2021）第 169503 号

Nong Shi Jiangnan Talang'er
侬是江南踏浪儿
孙昌建　著

责任编辑	齐桃丽
装帧设计	章雨洁
美术编辑	祁睿一
责任校对	陈铭杰
责任印务	姚　霖
出版发行	杭州出版社（杭州市西湖文化广场32号6楼）
	电话：0571-87997719　邮编：310014
	网址：www.hzcbs.com
排　版	浙江时代出版服务有限公司
印　刷	天津画中画印刷有限公司
经　销	新华书店
开　本	710 mm×1000 mm　1/16
印　张	17
字　数	208千
版印次	2021年12月第1版　2021年12月第1次印刷
书　号	ISBN 978-7-5565-1574-5
定　价	58.00元

（版权所有　侵权必究）

序 言

文化是城市最高和最终的价值

我们所居住的城市，不仅是人类文明的成果，也是人们日常生活的家园。各个时期的文化遗产像一部部史书，记录着城市的沧桑岁月。唯有保留下这些具有特殊意义的文化遗产，才能使我们今后的文化创造具有不间断的基础支撑，也才能使我们今天和未来的生活更美好。

对于中华文明的认知，我们还处在一个不断提升认识的过程中。

过去，人们把中华文化理解成"黄河文化""黄土地文化"。随着考古新发现和学界对中华文明起源研究的深入，人们发现，除了黄河文化之外，长江文化也是中华文化的重要源头。杭州是中国七大古都之一，也是七大古都中最南方的历史文化名城。杭州历时四年，出版一套"杭州优秀传统文化丛书"，挖掘和传播位于长江流域、中国最南方的古都文化经典，这是弘扬中华优秀传统文化的善举。通过图书这一载体，人们能够静静地品味古代流传下来的丰富文化，完善自己对山水、遗迹、书画、辞章、工艺、风俗、名人等文化类型的认知。读过相关的书后，再走进博物馆或观赏文化景观，看到的历史遗存，将是另一番面貌。

过去一直有人在质疑，中国只有三千年文明，何谈五千年文明史？事实上，我们的考古学家和历史学者一直在努力，不断发掘的有如满天星斗般的考古成果，实证了五千年文明。从东北的辽河流域到黄河、长江流域，特别是杭州良渚古城遗址以4300—5300年的历史，以夯土高台、合围城墙以及规模宏大的水利工程等史前遗迹的发现，系统实证了古国的概念和文明的诞生，使世人确信：这里是古代国家的起源，是重要的文明发祥地。我以前从来不发微博，发的第一篇微博，就是关于良渚古城遗址的内容，喜获很高的关注度。

我一直关注各地对文化遗产的保护情况。第一次去良渚遗址时，当时正在开展考古遗址保护规划的制订，遇到的最大难题是遗址区域内有很多乡镇企业和临时建筑，环境保护问题十分突出。后来再去良渚遗址，让我感到一次次震撼：那些"压"在遗址上面的单位和建筑物相继被迁移和清理，良渚遗址成为一座国家级考古遗址公园，成为让参观者流连忘返的地方，把深埋在地下的考古遗址用生动形象的"语言"展示出来，成为让普通观众能够看懂、让青少年学生也能喜欢上的中华文明圣地。当年杭州提出西湖申报世界文化遗产时，我认为是一项需要付出极大努力才能完成的任务。西湖位于蓬勃发展的大城市核心区域，西湖的特色是"三面云山一面城"，三面云山内不能出现任何侵害西湖文化景观的新建筑，做得到吗？十年申遗路，杭州市付出了极大的努力，今天无论是漫步苏堤、白堤，还是荡舟西湖里，都看不到任何一座不和谐的建筑，杭州做到了，西湖成功了。伴随着西湖申报世界文化遗产，杭州城市发展也坚定不移地从"西湖时代"迈向了"钱塘江时代"，气势磅礴地建起了杭州新城。

从文化景观到历史街区，从文物古迹到地方民居，众多文化遗产都是形成一座城市记忆的历史物证，也是一座城市文化价值的体现。杭州为了把地方传统文化这个大概念，变成一个社会民众易于掌握的清晰认识，将这套丛书概括为城史文化、山水文化、遗迹文化、辞章文化、艺术文化、工艺文化、风俗文化、起居文化、名人文化和思想文化十个系列。尽管这种概括还有可以探讨的地方，但也可以看作是一种务实之举，使市民百姓对地域文化的理解，有一个清晰完整、好读好记的载体。

传统文化和文化传统不是一个概念。传统文化背后蕴含的那些精神价值，才是文化传统。文化传统需要经过学者的研究提炼，将具有传承意义的传统文化提炼成文化传统。杭州在对丛书作者写作作了种种古为今用、古今观照的探讨交流的同时，还专门增加了"思想文化系列"，从杭州古代的商业理念、中医思想、教育观念、科技精神等方面，集中挖掘提炼产生于杭州古城历史中灵魂性的文化精粹。这样的安排，是对传统文化内容把握和传播方式的理性思考。

继承传统文化，有一个继承什么和怎样继承的问题。传统文化是百年乃至千年以前的历史遗存，这些遗存的价值，有的已经被现代社会抛弃，也有的需要在新的历史条件下适当转化，唯有把传统文化中这些永恒的基本价值继承下来，才能构成当代社会的文化基石和精神营养。这套丛书定位在"优秀传统文化"上，显然是注意到了这个问题的重要性。在尊重作者写作风格、梳理和讲好"杭州故事"的同时,通过系列专家组、文艺评论组、综合评审组和编辑部、编委会多层面研读,和作者虚心交流,努力去粗取精,古为今用,这种对文化建设工作的敬畏和温情,值得推崇。

人民群众才是传统文化的真正主人。百年以来,中华传统文化受到过几次大的冲击。弘扬优秀传统文化,需要文化人士投身其中,但唯有让大众乐于接受传统文化,文化人士的所有努力才有最终价值。有人说我爱讲"段子",其实我是在讲故事,希望用生动的语言争取听众。今天我们更重要的使命,是把历史文化前世今生的故事讲给大家听,告诉人们古代文化与现实生活的关系。这套丛书为了达到"轻阅读、易传播"的效果,一改以文史专家为主作为写作团队的习惯做法,邀请省内外作家担任主创团队,组织文史专家、文艺评论家协助把关建言,用历史故事带出传统文化,以细腻的对话和情节蕴含文化传统,辅以音视频等其他传播方式,不失为让传统文化走进千家万户的有益尝试。

中华文化是建立于不同区域文化特质基础之上的。作为中国的文化古都,杭州文化传统中有很多中华文化的典型特征,例如,中国人的自然观主张"天人合一",相信"人与天地万物为一体"。在古代杭州老百姓的认知里,由于生活在自然天成的山水美景中,由于风调雨顺带来了富庶江南,勤于劳作又使杭州人得以"有闲",人们较早对自然生态有了独特的敬畏和珍爱的态度。他们爱惜自然之力,善于农作物轮作,注意让生产资料休养生息;珍惜生态之力,精于探索自然天成的生活方式,在烹饪、茶饮、中医、养生等方面做到了天人相通;怜惜劳作之力，长于边劳动、边休闲娱乐和进行民俗、艺术创作，做到生产和生活的和谐统一。如果说"天人合一"是古代思想家们的哲学信仰，那么"亲近山水，讲求品赏"，应该是古代杭州人的生动实践，并成为影响后世的生活理念。

再如，中华文化的另一个特点是不远征、不排外，这体现了它的包容性。儒学对佛学的包容态度也说明了这一点，对来自远方的思想能够宽容接纳。在我们国家的东西南北甚至是偏远地区，老百姓的好客和包容也司空见惯，对异风异俗有一种欣赏的态度。杭州自古以来气候温润、山水秀美的自然条件，以及交通便利、商贾云集的经济优势，使其成为一个人口流动频繁的城市。历史上经历的"永嘉之乱，衣冠南渡"，"安史之乱，流民南移"，特别是"靖康之变，宋廷南迁"，这三次北方人口大迁移，使杭州人对外来文化的包容度较高。自古以来，吴越文化、南宋文化和北方移民文化的浸润，特别是唐宋以后各地商人、各大商帮在杭州的聚集和活动，给杭州商业文化的发展提供了丰富营养，使杭州人既留恋杭州的好山好水，又能用一种相对超脱的眼光，关注和包容家乡之外的社会万象。这种古都文化，也代表了中华文化的包容性特征。

城市文化保护与城市对外开放并不矛盾，反而相辅相成。古今中外的城市，凡是能够吸引人们关注的，都得益于与其他文化的碰撞和交流。现代城市要在对外交往的发展中，进行长期和持久的文化再造，并在再造中创造新的文化。杭州这套丛书，在尽数杭州各色传统文化经典时，有心安排了"古代杭州与国内城市的交往""古代杭州和国外城市的交往"两个选题,一个自古开放的城市形象,就在其中。

"杭州优秀传统文化丛书"在传统和现代的结合上,想了很多办法,做了很多努力,他们知道传统文化丛书要得到广大读者接受,不是件简单的事。我们已经走在现代化的路上,传统和现代的融合,不容易做好,需要扎扎实实地做,也需要非凡的创造力。因为,文化是城市功能的最高价值,也是城市功能的最终价值。从"功能城市"走向"文化城市",就是这种质的飞跃的核心理念与终极目标。

2020年9月

(单霁翔,中国文物学会会长)

西湖图（局部）

目　录

第一辑
湖山有幸

002　苏小小：湖山此地曾埋玉

009　白居易：最忆是杭州

018　苏东坡：堤柳而今尚姓苏

026　林和靖：先生可是绝俗人

033　陆游：小楼一夜听春雨

042　张岱：西湖梦寻如隔世

第二辑
浩气长存

050　岳飞：八千里路云和月

060　文天祥：留取丹心照汗青

069　于谦：要留清白在人间

075　张苍水：西子湖头有我师

081　秋瑾：秋雨秋风愁煞人

第三辑
湖上大家

094　袁枚：人间才觉重西湖

101　阮元：西子湖上一大家

108　龚自珍：我劝天公重抖擞

114　俞曲园：花落春仍在

121　林启：讲求实学第一义

129　章太炎：先哲精神，后者楷模

第四辑
山高水长

140　严光：先生之风，山高水长

148　钱镠：保境安民传家训

156　范仲淹：先天下之忧而忧

166　黄公望：富春山居永合璧

第五辑

千古风流

176　陆羽：人在草木间

185　沈括：《梦溪笔谈》里程碑

194　洪昇：长生殿上说兴亡

205　李渔：湖上笠翁图画中

216　陈端生：勾山樵舍《再生缘》

224　胡雪岩：红顶商人心济世

232　丁申丁丙：家守清贫书不贫

241　苏曼殊：一切有情，都无挂碍

251　参考文献

第一辑

湖山有幸

苏小小：湖山此地曾埋玉

杭州西湖跟苏姓有缘，出了大名的就有苏小小、苏东坡和苏曼殊，而其中苏小小，她是个文学作品里的人物。给文学作品中的人物在西湖的西泠桥边修一个墓，这是十分罕见的，因为西湖边没有人给白娘子修个墓，如果修了也一定是人头攒动，天天都是清明节了。

对于这个墓，外地游客还是颇为好奇的，他们可能不一定能理解，杭州为什么要在西湖边搞这么一个东西。杭州人对苏小小的那种感情，是不是跟浙江诸暨人对西施的感情是一样的？

相传苏小小是南齐时的钱塘（今浙江杭州）人，从小父母双亡，寄住在西泠桥边的姨妈家里。请注意，如果这一传闻是正确的，那么西泠（当时叫西陵）周边当时已经住有人家，这就推翻了以前人们所说的西湖在唐朝以前甚为荒芜的说法，而且传说中苏小小坐着"宝马"出行，说明当时的交通条件也具备了。

苏小小的身份是歌伎，不容否认这个身份还是比较暧昧的，人们对此会各有各的看法，这没有关系。"妾乘油壁车，郎骑青骢马。何处结同心，西陵松柏下。"

这一首《钱唐苏小歌》，是苏小小留给我们的唯一线索。在这首歌中，人物、地点和道具，在这短短的二十个字里都有了，后人创作的有关苏小小的影视戏，大多源自于这首流行歌曲。那么现在碰到的一个问题是，除了青骢马，油壁车到底是个什么东西？现在看到的关于油壁车的传说大致有二：第一，它是小小独创发明的。如果这是真的，那苏小小不仅要列入才女系列，还要在科技发明上给她留个位置。因为按通常的理解，一般的文青或才女，数理化都是不行的，造车总要跟机械原理有关。当然，小小有可能只是在香车的装饰方面加了自己的元素，其余的，恐怕就是代表了那个时代的生产力水平。第二，小小平时就是坐着这样的油壁车游西湖的，且跟骑着青骢马的郎啊，是一见钟情。对了，那个时候也不限行，所以车和马都能相遇。你们想想看，一个在车上，一个在马上，这个车马不管是停着还是运动着，是相向而行还是逆向而行，总之要一见钟情，得具备多少元素啊。至少我以为苏小小不应该是个近视眼，她坐在油壁车上能看得清对方。再者，她的容貌和气质具备了令人一见倾心的要素。如果是春暖花开或天气炎热季节，我们的女主人公也有可能就下车来走走。而且我们也可以想象得到，那油壁车和青骢马的时速都不会像子弹头似的，否则邂逅的时间和打量的空间就都没有了。所以从这个角度上说，慢有慢的好处，正如当下公路上的一些有关交通安全的提示标语——迟到总比永远到不了要好！

"妾乘油壁车，郎骑青骢马。"这个车拿什么作动力的？这也是人们所关心的。还有，苏小小的赏游，是一种放风还是一种兼营春光，这个也不得而知。但是从已有的文学作品的塑造中，小小是个很另类的女子，用现在的观念很难去界定她。率性而为，随心所欲，美且又有点极致，为情而生，为情而死，这是苏小小的一个大 IP。

侬是江南踏浪儿 HANG ZHOU

苏小小像

"妾乘油壁车，郎骑青骢马。"这个郎名叫阮郁，对小小一见钟情之后，便去湖边寻觅小小的踪影，并且终于如愿以偿，两人恩恩爱爱的。或者也曾"山盟湖誓"过，然后阮郎家里人出面干涉，男儿应该以事业功名为重，于是，阮郎离开杭州回家备考，从此再无音信了。注意，这就把科考的历史也往前推到一千五百年前了，因为传说中她是南齐时的人物。之前一般认为科举考试始于隋朝。同时我们也会想到这样一个问题，一千五百年前的中国人在想些什么？做些什么？想的内容跟今天无大异。男人在想功名，当然也想爱情；女人主要还是在想爱情，最好是那种一见钟情式的爱情。一千五百年前的男人，骑着一青骢马在游西湖，这跟今天开着宝马游湖有什么区别呢？区别是一千五百年前肯定比今天要环保，因为青骢马不会排放尾气，即使它的粪便流入西湖，那也不是什么大不了的事情，至少还是生物链中的一环。

很好的春光，很好的心情。阮郁本来的想法最好是能兼顾功名和艳遇，至于说事过境迁，至于未能如愿，那是另外的话题了。中国文学是愿意听一个女人诉说的，这是传说中的苏小小被人记住的原因之一。苏小小的诉说中包括了这次艳遇和另一次艳遇，于是除了阮郁外，还有那个叫鲍仁的男人。

鲍仁是一个落魄书生。一千五百年前，功名似乎比今天更为重要，而小小的贡献在于她出资救济了他，让他进京赶考。赶考——高考，我在今天只能如此类比，但事实上，过去的赶考比起今天的高考还要重要得多。今天你读完大学还要为找工作而烦心，而在当时，那肯定是国家分配了。所以鲍仁这样的人，当面对红颜知己出资时，肯定会说上一番话的，大意是考中之后一定会来答谢。据说小小对此却是淡淡一笑，似乎她对男人及男人在荷尔蒙激素起来时说的一些话是颇不以为然的，她听得太多也看得太多了。虽然她当时还未满二十岁，就像今天的年轻人不知听过多少关于爱情的流行歌曲了，可是当真的感情来的时候，谁又不是蠢蠢欲动的？这个鲍仁跟小小，我看到的版本是发乎情止乎礼的，即他们相遇后并未发生肉体关系。但是人们可能又会问，如果苏小小和鲍仁发生了肉体关系，就像春风吹绿了岸边的柳枝，春雨打湿了绽放的桃花，那又有什么呢？好像一有肉体关系就不高尚了，而没有肉体关系，苏、鲍之间就是十分纯粹了，就是那种救助与被救助之间的关系。按照传统观点来看，道德的升华总比情欲的享受来得重要，因为前者是可以教育人的，后者只是愉悦人而已。于此也会推导出两种观点：一是樱花迟早要谢的，那么还不如与春色共舞吧；二是人总是要老的，那么你还是要教育后人好好读书，大学本科毕业都不一定找得到工作，所以至少要硕士或博士吧。

　　如果苏小小真的喜欢或者说爱上了鲍仁，那么似乎一切都是自然而然的。在后人论及苏小小时，总觉得她这个人物是要有所升华的。升华于何处？即她从爱阮郎爱一个才子，上升为爱西湖山水。因为才子总是一个一个地离她远去，真正能与她相伴的还是这湖光山色。而且她觉得如果她嫁入豪门或被人纳为小妾，那就一点自由都没有了。现在，她能流连于美景之间，那就是莫大的自由了。所以杭州人喜欢她，并不是因为她是歌伎，而是因为她的故事，跟西湖是有情有义地融在了一起，虽然这故事有演义的成分。换句话说，一个女子年轻漂亮又有情有义，即使你背叛她，她也不怎么怨你，这样的女子哪里去找呢？所以只好找苏小小了。

　　因为苏小小有所寄托，所以她不怕你负情，只要西湖不对她负情，她就无所谓了。而从来都是人负山水，没有山水负人的。苏小小看过的山水，苏东坡看过的山水，苏曼殊看过的山水，今天我们依然还在看，这不是我们厉害，而是山水的厉害，这个厉害也就是伟大。不过后来那个鲍仁还真是做了刺史，在小小还健在的时候，他并没有来还愿来报恩，当然更不敢来明媒正娶。只是在小小死了之后，他来报恩了，在西陵（西泠）桥边给小小造了一个亭，名叫慕才亭，上有一对联为："湖山此地曾埋玉；花月其人可铸金。"

这说明苏小小是可以为情而生，但不能为情而嫁给男人的。这是男人的悲哀，也是男女之情的无奈，然而这又是西湖山水的有幸，因为如果没有这些人文传说，山水就不会有灵性，文人墨客到此一游时也不会写下相关的诗文佳作。

无数游人游西湖，无数游人路过苏小小墓。有一年，杭州评"西湖十大佳人"，这苏小小便占了"十佳"之一，那是理所当然的了。

慕才亭

人们现在看到的墓是新的苏小小墓。而关于老的那个，前人也有过不少记述，张恨水写于1929年的《湖山怀旧录》，有那么一段：

> 苏小小墓在西泠桥之南。六角小亭，近临水滨，湖草芊芊，直达亭内。冢隆然，高约三尺许，在亭之中央。惟坟之上下，遍蒙鹅卵石，杂乱不成规矩，未知何意？

沈复《浮生六记》卷四《浪游记快》中有一段"西泠桥畔觅苏小"的文字：

> 苏小墓在西泠桥侧。土人指示，初仅半丘黄土而已。乾隆庚子，圣驾南巡，曾一询及。甲辰春，复举南巡盛典，则苏小墓已石筑其坟，作八角形，上立一碑，大书曰："钱塘苏小小之墓。"从此吊古骚人，不须徘徊探访矣！

而现在在苏小小墓旁不远处，还有一个重修的武松墓。此武松是不是文学作品《水浒传》里的那个武松，不得而知。这就给游人提供了谈资和研究方向。文学人物和史上的真人同名，至少说明文学是缘于生活的，但至于能不能高于生活，那是属于审美领域的事情了。

正是因为这样，我们今天仍愿意谈论苏小小，而这样的谈论，不是从今天开始的，唐朝诗人写了数量可观的吟诵西湖的诗，其中有一首叫《杨柳枝词》（其五）：

> 苏州杨柳任君夸，更有钱塘胜馆娃。
> 若解多情寻小小，绿杨深处是苏家。

白居易：最忆是杭州

第一辑 湖山有幸

在中国距今约一千两百年的时间里，可能再也找不出另外一个人，跟一座城市的关系是如此紧密和融洽。准确地说，他跟这座城市是相互成就、相互恩惠的。

这个人就是白居易，这座城市就叫杭州。

是的，白居易后面还有一个苏东坡，或许在文人和百姓那里，苏东坡似乎有更多的谈资，比如他的东坡肉。但是请注意，白居易于杭州的贡献是开创性的，这种开创性除了他在杭州刺史任上的贡献之外，更重要的是唐代是一个伟大的时代。对于杭州和西湖而言，在唐以前基本上还是寂寂无闻的。但是西湖遇上了唐代，便也就有了历史性的机遇，而这个为杭州带来机遇的人就是白居易。他在杭州任上不过 20 个月左右而已，匆匆来去，但可能唐朝真的是太强大了，强大到地方官有很强的自主性。有记载的，白居易在杭州只做了几件事情，大部分时间他可能都在踏春寻芳、访僧问茶，这当然可以理解成是深入基层和民间。重要的是，他在离开杭州之后，还在写关于杭州的诗文，利用他在唐代文坛的地位在免费给杭州和西湖做宣传，而且多是以歌颂为基调的，这说明他在杭州的日子的确过得很愉快。直到公元 2016 年，杭州召开 G20 峰会之时，众多媒体对杭州的宣传广告语仍是"最忆是杭州"。这句白居易贡献的大白话，也是对杭州的最佳定位。他这一句"最忆是杭州"，再加上苏东坡的"欲把西湖比西子"，这两句于杭州也好，于西湖也好，都是最佳的形象广告语。

白居易（772—846），字乐天，原籍山西太原，出生于河南新郑。他于唐德宗贞元年间（785—805）中进士，后被任命为左拾遗（谏官）。他为官直言不讳，尽心尽责，而且又诗才出众，总是喜欢写讽喻时弊的诗歌，世人皆浊唯他独清，所以得罪了不少权贵。后来，他被贬为江州（今江西九江）司马，唐穆宗即位后又被召回京城。但这个时候，他对做京官已经不感兴趣了，所以又要求出任地方官。长庆二年（822）七月十四日，也就是距今约 1200 年前，在他 51 岁的时候，他出任杭州刺史，从三品官员。在离开长安的时候，他这样写道："杭州五千里，往若投渊鱼。"他说他就像一条快乐的鱼游进了杭州西湖，从此在杭州开始了蜜月般的生活。

实际上在白居易的少年时代，他已经来过杭州，且对杭州留下了较深的印象。那是他十一二岁时，白居易的父亲白季庚任徐州别驾，白居易也从河南来到了徐州。当时徐州一带遭遇兵乱，战火不息。为避战乱，白居易来到了江南，在漂泊中曾到过杭州，对杭州留有很深的印象。40 年之后，白居易在来杭州上任的路上，还在回忆着少年印象中的杭州："余杭乃名郡，郡郭临江汜。已想海门山，潮声来入耳……"

那时的交通不像今天这样，而且一般官员借上任之机也还要沿途游山玩水的，所以白居易当年到杭州任上，已经是十月份了，夏发长安，秋至杭州。白居易是于长庆四年（824）的五月离任而离开杭州的，前后算起来也

白居易像

如同他诗中所讲，在杭州是"三年为刺史"，但满打满算在杭的时间也才 20 个月左右的时间。然而为民造福，可能也还不能看时间的长短。白居易对于杭州的贡献，可以从两个方面来说：一是他兴修水利的政绩；二是他对杭州文化传播的贡献。

白居易的政绩主要表现为兴修水利、疏浚西湖。当时的西湖远比现在要大，西面一直到西山脚下，东北要到武林门一带，但是它长期没有得到治理，一到汛期便泛滥成灾，一遇旱情，湖水又干涸了。当时西湖周边皆是农田，所以湖水的功能之一就是用来灌溉农田。但是当白居易要治理西湖的时候，还是受到了重重阻挠，各种利益集团百般刁难，他们提出如放湖水入田，则"鱼龙无所托"，"菱芰失其利"，也有的说放水灌田不利于郭内六井之用。白居易不为这些意见所阻，深入民间听取大家的意见，然后针锋相对地提出："鱼龙与生民之命孰急？芰菱与稻粱之利孰多？"而且他抱着"出仕为官，重在救民济世"的思想，这就是当官为民，一切的标准就是看老百姓有没有获得感。

白居易治水，重在制规定章，且也是身体力行。他特地用通俗浅白的文字写了一篇《钱塘湖石记》，详细地记载了湖堤的功用，且刻石立于湖畔。他说："凡放水溉田，每减一寸，可溉十五余顷；每一复时，可溉五十余顷。"又说："此州春多雨，秋多旱，若堤防如法，蓄泄及时，即濒河千余顷田，无凶年矣。"从这个记载看，白居易对筑堤是作过深入调查和研究的，且充分考虑到了杭州的季候特点及西湖蓄水的特点，因此他反对旧法。他说："准盐铁使旧法，又须先量湖水浅深，待溉田毕，即还本水尺寸。往往旱甚，即湖水不充。今年修筑湖堤，高加数尺，水亦随加，即不啻足矣。脱或不足，即更决临平湖，添注官河，又有余矣。"由此可见，白居易治理西湖是一项系统工程。在白居易任上，西湖的定位终于明确起来，它兼具灌溉和旅游的功能。"西湖"这个名称，也第一次出现在他的诗文中。从此，西湖便成为中国名湖、世界名湖。

白居易治水，也不是凭空另起炉灶，他是在前任的基础之上绘了新蓝图。地处钱塘江边的杭州，由于常受海潮的侵袭，土地碱性很重，地下水不能饮用，淡水资源严重不足，居民饮水成为一个大问题。而且，当时杭州的主城区还在江干一带，即都靠近钱塘江边。唐德宗时，杭州刺史李泌在杭州城内开凿六井，引西湖水入井，使居民有了淡水可以饮用。这事杭州市民是很感恩的，所以现在杭州解放路井亭桥畔还留有一口古井，就是当年六井之一的相国井。这六口井其实是大水池，并非自然汲水的那种井，下面跟西湖是通管道的，有点类似于今天的自来水管道。"相国井"一名即是李泌任宰相后，杭州市民为感念他而命名的。

白居易任杭州刺史时，已经离李泌凿六井约 40 年过去了，西湖与六井的通道已严重淤塞，于是白居易又带领杭州人民疏浚了输水通道和六井，使西湖清水又能流至杭城。对此，史书都有记载。《新唐书·白居易传》载："复浚李泌六井，民赖其汲。"《西湖游览志》录："白居易缵邺侯之绩而浚治之，民以为利。"

乾隆《杭州府志》还记载，白居易把西湖水引入运河，使大运河与杭州城市相沟通，从而推进了杭州城市的发展。

当然今天人们谈得最多的还是西湖上的白堤，这也就是为什么我们说他是杭州最好的形象代言人。前面讲了他兴修水利，其中最主要的功绩之一就是筑起了钱塘湖堤，这是白居易的一项重要政绩。事实上，白居易来杭州时，西湖上原已筑有堤坝，但因年久失修，加上堤身较低，起不到天旱时蓄水灌溉、汛期时蓄水防洪的作用。因此，他亲自主持修建了一条拦湖大堤。这条大堤建成后，不仅解决了农田灌溉问题，还促进了杭州交通的发展和城市的繁荣。但是今天西湖上的白堤并非当时白居易修筑的那条堤，他那时筑的堤现在已经湮没。现白堤原名白沙堤，白居易曾有诗云：

孤山寺北贾亭西，水面初平云脚低。
几处早莺争暖树，谁家新燕啄春泥。
乱花渐欲迷人眼，浅草才能没马蹄。
最爱湖东行不足，绿杨阴里白沙堤。

后来人们为了纪念白居易，还是愿意把现在西湖上的那条堤称为白堤。这种将错就错的做法，实际上体现了百姓的情感，反映了杭城百姓对白居易的一份感恩。

白居易还十分注重西湖的环境保护，保护西湖水面不受侵占。他曾作出规定，谁破坏了西湖的环境，就要受到惩罚。如果是穷人，就罚他在西湖边上种树；如果是富人，就罚他到西湖上去除葑草。由于白居易的努力，西湖及周围"湖葑尽拓，树木成荫"，景色更加秀丽。白居易对杭州西湖的感情，不仅仅是以一个诗人或游览者的身份，更是怀着一名参与者、建设者的感情，所以才会有他的《春题湖上》：

> 湖上春来似画图，乱峰围绕水平铺。
> 松排山面千重翠，月点波心一颗珠。
> 碧毯线头抽早稻，青罗裙带展新蒲。
> 未能抛得杭州去，一半勾留是此湖。

诗中最后两句，是诗人想到自己的任期很快就要满了，对杭州充满着留恋，"勾留"两字，写出了西湖的吸引力和魅力。

白居易写杭州的诗词，一共有 200 多首，可以说在古代诗人中是空前绝后的，不仅量多，而且质优。他描写和反映了当时杭州的方方面面，是我们了解唐朝杭州世风人情的很好的资料。

在《余杭形胜》一诗中，他展现出当时杭州的状况：

> 余杭形胜四方无，州傍青山县枕湖。
> 绕郭荷花三十里，拂城松树一千株。

在《杭州春望》中，白居易则更加形象地描绘出了杭州当时的情形和经济社会发展的情况：

望海楼明照曙霞，护江堤白踏晴沙。
涛声夜入伍员庙，柳色春藏苏小家。
红袖织绫夸柿蒂，青旗沽酒趁梨花。
谁开湖寺西南路，草绿裙腰一道斜。

诗中的繁华市井、名胜古迹，展现了一幅活生生的唐朝时期杭州人的生活画卷。不仅如此，杭州民风淳朴，饮食可口，歌姬漂亮，这可以说是白居易一生过得最为诗情画意的时候。

白居易在杭州留下了不少行迹，那个时代的诗人都喜欢游山玩水，且也有这个条件。白居易还笃信佛教，他常游寺院，与高僧交朋友，与杭州的佛教界结下了因缘，孤山寺、韬光寺、凤林寺等寺庙都曾留下了他的足迹，传诵着他与名僧汲水烹茗的佳话。这里也有一个先决条件，即那时的高僧也都是颇有成就的诗人，所以白居易才可以跟他们在一个平台上交流，他们实际上是在一起谈诗说艺，学佛论道。

著名的灵隐寺，是杭州官员的必到之地。唐代时到杭州任刺史的官员，比较喜欢在灵隐建亭寓志。从刺史相里造在灵隐山谷间建虚白亭开始，一共建了五座亭子。白居易到杭州任刺史后，也想在灵隐留下点纪念物。但他的五位前任已经各建了一座纪念亭，为灵隐增添了景观："五亭相望，如指之列，可谓佳境殚矣，能事毕矣。后来者，虽有敏心巧目，无所加焉。"白居易不想再建亭子了，那他能干什么呢？他只能发挥其赋诗作文的特长，这一来可以咏灵隐景物之美，抒发胸臆，二来可以用作纪念。于是他给世人留下了一篇流传了千百年的脍炙人口的《冷泉亭记》。

白居易还挥笔题写了"冷泉"二字。两百年后，苏东坡来到杭州，在"冷泉"二字后，加上了一个"亭"字，为灵隐和冷泉亭留下了一段佳话。随着岁月的流逝，唐朝五位刺史所建的五座亭子已湮没在历史的尘埃之中，只有"冷泉亭"屡经翻建，还留在溪流边。虽然白居易和苏东坡并题的"冷泉亭"匾额今天早已不知去向，但这一段佳话还流传至今。

白居易挚爱杭州，离别时他想带点东西回去作个纪念。带什么呢？传闻最后他在天竺山中捡了两块小石头。这是他离任前一天的行踪，当然那也是去跟高僧道别，当年的道别很可能就是永远的道别了。"此抵有千金，无乃伤清白。"他就是带走了两块石头，以"清白"抵"千金"。这就是白居易，这就是文字的力量！

白居易在离杭之际，百姓自发前来送别，场面十分感人。他在《别州民》诗中写道：

耆老遮归路，壶浆满别筵。

惜别白公雕塑

甘棠无一树，那得泪潸然。
税重多贫户，农饥足旱田。
唯留一湖水，与汝救凶年。

临别之际，他仍为百姓的负担过重而难过，但唯一感到欣慰的是他疏浚了西湖。今天西湖边还有一组老百姓送别白居易的铜像，游客们到此每每会驻足拍照，并会议论起白居易的功绩。要知道千百年来，朝廷派来杭州做官的不计其数，也是有不少颇有成就的官员，但是能够像白居易以及后来的苏东坡那样的，真的是少之又少，个中原因是很值得探讨的。

相传当年白居易在出浙江境的时候，要打发杭州送行的官船回去，因恋恋不舍，他让人带回了一首《杭州回舫》的诗：

自别钱塘山水后，不多饮酒懒吟诗。
欲将此意凭回棹，与报西湖风月知。

事实上一直到晚年，白居易都在思念他的杭州和西湖，因此在洛阳写下了著名的《忆江南》：

江南好，风景旧曾谙。
日出江花红胜火，
春来江水绿如蓝。
能不忆江南？

江南忆，最忆是杭州。
山寺月中寻桂子，
郡亭枕上看潮头。
何日更重游！

…………

苏东坡：堤柳而今尚姓苏

如果杭州没有白居易和苏东坡的事迹，如果西湖没有那么多或真或幻的传奇，那西湖不过是地球上一个普普通通的湖泊；如果没有"最忆是杭州"和"若把西湖比西子"这样属于白居易和苏东坡的千古绝唱，西湖在世界上的传播就一定会逊色不少。

是的，江山也要文人捧。如果说千古西湖是一部交响大合唱，那么参与西湖大合唱的不仅仅有壮怀激烈的仁人志士，有劳作辛苦的百姓大众，还有代表先进文化的诗人们。千百年来，诗人们既有对湖光山色的咏怀，也有对家国情怀的抒发，更有骊歌怀古的悲怆和惆怅。当我们历数杭州西湖的名人事略时，可以发现每位杰出的人都留下了独特的声音，这又是一部多声部的交响曲。

在这部交响曲中，最为独特的就是苏东坡。

大概从白居易开始，在杭州任地方官且留下良好口碑的一般都有这样两个特点：一是他们做出了实绩，或是兴修水利、发展民生方面的，或是文化建设、城市营造方面的；二是通过他们自己的口和手，为杭州留下了优秀的诗文，在为杭州和西湖的传播方面作出了独一无二的贡献。

从以上的标准来看，白居易和苏东坡无疑是排名前两位的。如果说白居易是定调定位大师，那苏东坡比起白居易来似乎更有特点，这正如白堤之外又有苏堤。而且从史料看，苏堤跟这位姓苏的杭州地方官是有着直接关系的。更为重要的是，苏东坡找到了一绝佳的比喻，"若把西湖比西子"，这等于把美的个性和共性的通道给打通了。西湖美吧，但美到什么程度呢？我们难以言述。同样的，西施美吧，但美到什么程度呢？我们也是难以言述。苏东坡的高明之处就在于一语道破"美机"，从此，一年四季无论什么天气，西湖都是美的。千年之后的今天，我们发现西湖还是这么美，美了一千年。这就是一个很有意思的现象。事实上，我们一直遵循着苏东坡的那种审美眼光，正如我们民间还喜欢东坡肉一样。

苏东坡（1037—1101），原名苏轼，字子瞻，出身于眉州眉山（今属四川）的一个书香世家。据说，他7岁之前是生活在眉山的。45岁以后，苏轼自号东坡居士。那是他谪居黄州（湖北黄冈）以后，生活很清贫，他的好友马正卿知道后，替他向官府申请来一块数十亩的荒地，以供苏轼开垦来增加一些收入。由于这块荒地是在郡城旧营的东面，因此，苏东坡将它取名为"东坡"，同时也给自己取号为"东坡居士"。

苏轼与父亲苏洵、弟弟苏辙，号称"三苏"，这在文学史上是一个美谈。苏轼身上的美谈特别丰富，因为他体现了人性的多姿和美好，他是那个时代的全能文人，诗文书画皆是超一流的。在文章方面，他是公认的唐宋八大家之一；诗词是既豪放又婉约，在这方面他是一代诗宗；在书法和绘画方面，也堪称大家。更重要的是，苏东坡还是一个懂生活、会生活的人，即今天我们所说的懂得生活的艺术和艺术地生活，是一名暖男。但他在政治上颇不得志，仕途坎坷。

苏东坡曾先后两次到杭州做官。第一次到杭州是在熙宁四年至熙宁七年（1071—1074），任通判，时年苏东坡35岁。当时来杭的原因带有一点"避难"的性质。众所周知，熙宁二年（1069），神宗皇帝起用王安石后的第二年，开始了历史上著名的变法运动。苏东坡是反对王安石变法的，而且公开反对，于是便遭到一些变法人士的诬告和陷害。当时苏东坡身处困境，意欲离开朝廷出任地方官，于是在熙宁四年（1071）到杭州做通判。他在任期的三年里除了与知州一起修治六井、组织捕蝗、赈济灾民以外，苏东坡还发挥了一个诗人的作用，即为杭州留下了不少脍炙人口的诗词。可惜的是苏东坡在杭州期间，又犯了"政治错误"。什么"政治错误"呢？那就是用诗来讥弹和妄议新法，这就犯了"言论罪"了。因此，他不仅再被贬官，还被捕入狱。可见他完全管不住自己的笔，或者说是他太喜欢写诗了。被释放后，他再被贬至黄州任团练副使，这一点跟沈括颇为相似，可见黄州在北宋时期还是一个"荒蛮"之地。

苏东坡第二次到杭州是在元祐四年至元祐六年（1089—1091），任知州。那时他的心情大好，是谓"江山故国，所至如归"。但此时的杭州却在遭难，因为"岁适大旱，饥疫并作"，作为主政一地的长官，他立即采取各种赈灾措施。他大胆上表朝廷，请求豁免杭州上供米的三分之一，又多乞度牒，并以此易米救饥民。这是什么意思呢？就是说当时政府给和尚发有"执照"，这个执照就叫"度牒"，拿它是可以换钱的。他当时就是靠朝廷给的"度牒"卖了一万七千贯钱，征民工开浚西湖了。谁料想大旱之后又遇大雨大涝，所以他再一次向朝廷上奏，要求减免上供米一半，朝廷也同意了他的请求。

圣塘闸亭

　　苏东坡在杭州最为主要的政绩就是治理西湖和修筑长堤。苏东坡第一次来杭州时，西湖淤塞的面积就已占了百分之二三十。十五年以后，苏东坡第二次来杭州重游西湖的时候，发现西湖淤塞荒芜的面积已占了一半。他想，如果再过二十年，西湖必将全部被淤塞。经过调查踏勘，苏东坡决心整治西湖。于是，他向哲宗皇帝呈上了《杭州乞度牒开西湖状》的奏议。在奏议中，他首先指出了西湖面临的严峻形势。其次，他从放生、蓄水、灌溉、助航、酿酒等五个方面来指出西湖的重要性。除第一点"西湖为放生池"的官样文章之外，其他都是实实在在关乎民生的。比如，"蓄水"是跟老百姓饮水有关，因为城内有井，引湖水入井就是要便于百姓饮用；"灌溉"是指西湖放水一寸，即可灌良田十五顷；"助航"是指城内有运河，源自西湖之水；"酿酒"是当时用西湖水做的酒，质好味醇，是重要的酒税来源。"酿酒"这一点西湖跟绍兴鉴湖颇为相似，著名的西湖十景之一"曲院风荷"之前就是做酒的地方。其实这五个方面就是西湖当时存在的意义所在。在得到哲宗皇帝的准奏，获得了一笔经费以后，苏东坡便开始动工疏浚西湖。

没想到一开工就出了个问题，那就是西湖当时的葑田面积很大，被挖出的淤泥放在哪里呢？如果把它堆在岸上的话，既费工又费时。后来，苏东坡考虑到西湖的南面距离北面太远，人们往来很不方便，于是决定用湖底的淤泥和葑草筑一条跨越西湖南北的长堤，这样，既可以解决淤泥堆放问题，又能便于交通。这条堤实际上是将西湖一分为二，西边为"里湖"，东边为"外湖"，堤上造六桥，夹道种植杨柳和芙蓉。由此，西湖更加诗情画意了。

与此同时，为了防止西湖淤塞，苏东坡又立小石塔三五所，规定在石塔以内的水面，不准种植菱荇。这些小石塔，也是后来西湖十景之一的"三潭印月"处标志物的最早来源，只是现在的石塔并非宋时的原物。

在治理西湖的同时，苏东坡对城中六井也进行了疏浚，这是解决居民饮水问题的大事，从李泌到白居易，再到苏东坡，几百年来的杭州官员都在解决这个问题，谁解决得好，历史就会记住谁。

元祐六年（1091），苏东坡的继任知州来到杭州，便在那堤上题了"苏公堤"碑。后人为了纪念苏东坡，就把这条长堤称为"苏堤"。后来，又有"苏堤春晓"，成了"西湖十景"之一。苏堤和白堤，以及后来的杨公堤，在今天都成了杭州著名的景点。

苏东坡对于杭州和西湖的贡献，在当年是他为民做下的实绩，而对后世而言，他不仅留下了物质遗产，更重要的是留下了文化遗产。这是后来西湖成为世界文化遗产的一个重要组成方面。

苏东坡十分喜爱西湖，公务之余，他的足迹遍及西湖及周边的群山。他尤喜访高僧，跟他们汲泉煮茶，他跟辩才、佛印、海月及道潜都互有唱和，留下了美好的诗篇。道潜，号参寥子，於潜（今属浙江杭州）人。有一天，他路过临平，时值初夏，便作《临平道中》诗一首：

风蒲猎猎弄轻柔，欲立蜻蜓不自由。
五月临平山下路，藕花无数满汀洲。

这诗当然是好诗，这一点苏东坡和我们今天的读者是高度一致的，不一样的是他认为这首诗好，就会去拜访作者，而后两人遂成了惺惺相惜的好朋友。虽然一人做官，一人已出家，但这不妨碍他们谈诗论艺、品茗说禅，因为这两个人以及当时的这样一批人，就是当年的精神贵族。后来，特别是苏东坡又被贬黄州后，梦中都在跟道潜论诗，其中就有一句为"寒食清明都过了，石泉槐火一时新"。他的弟弟曾说他在杭州时"三百六十寺，处处题清诗"。

综观苏东坡与杭州的关系，他不仅治理西湖有功，更是推广杭州的功臣。他自称在杭州的五年间写了一千首诗（当然写杭州题材的不如白居易多），其中有名的诗不在少数，如《六月二十七日望湖楼醉书》（其一）：

黑云翻墨未遮山，白雨跳珠乱入船。
卷地风来忽吹散，望湖楼下水如天。

还有如《夜泛西湖》（其四）：

菰蒲无边水茫茫，荷花夜开风露香。
渐见灯明出远寺，更待月黑看湖光。

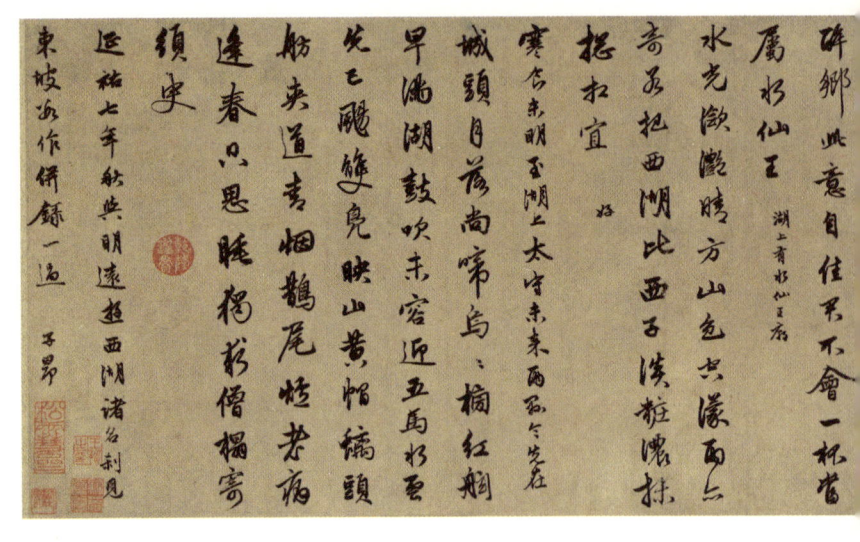

〔元〕赵孟頫《书苏轼西湖诗》卷

更有如《观开西湖次吴左丞韵》自述功绩的：

> 伟人谋议不求多，事定纷纷自唯阿。
> 尽放龟鱼还绿浦，肯容萧苇障前坡。
> 一朝美事谁能纪？百尺苍崖尚可磨。
> 天上列星当亦喜，月明时下浴晴波。

这首诗中的踌躇满志已经溢于言表，苏东坡自己对这一笔也颇为得意。后来，他在扬州听说自己参与的颍州（安徽阜阳）西湖疏浚完成时还写下了这样的诗句：

> 我在钱塘拓湖渌，大堤士女争昌丰。
> 六桥横绝天汉上，北山始于南屏通。

从他的诗和此后的传说来看，在他三十多年的为官生涯中，两次共五年在杭州的生活，应该是他最为得意的时候，于公于私、于诗于文都是非常有成就的，其中最为著名的就是写出了千古绝唱——《饮湖上初晴后雨》：

水光潋滟晴方好，山色空蒙雨亦奇。
欲把西湖比西子，淡妆浓抹总相宜。

苏东坡此诗一出，西湖便有了"西子湖"的美名，不仅仅是名，更是点出了此湖的文化气质和内外兼具的美。在今天的杭州，游西湖离不开苏东坡，喝龙井茶会说到苏东坡，吃那种大块的红烧肉会谈起他的烹调术，吃竹笋时会说到"不可一日居无竹"，即使走在杭州的街上，那"东坡路"也都是因他而得名的。所以"苏东坡"不仅仅是一个诗人的名字，一个文化符号，更是代表着一种生活的艺术。杭州有过这样一位"市长"，真是杭州千年来修得的福气。郁达夫当年也生发了这样的感慨：

楼外楼头雨似酥，淡妆西子比西湖。
江山也要文人捧，堤柳而今尚姓苏。

林和靖：先生可是绝俗人

一千年前的西湖已经是西湖了，一千年前的孤山也已经是孤山了。一千年前的西湖孤山，住着一个叫林逋的人，也就是我们今天所说的林和靖。

林逋（967—1028），字君复，北宋钱塘（今浙江杭州）人，人称和靖先生。林和靖是一个很有腔调的人。林和靖的腔调：一是在于他的诗写得好，尤其是写梅花的诗；二是在于他的生活姿态，比如说他住孤山二十年，从未到闹市去过，只有高官和朋友来访他而他从不回访；三是在于他创造了一个品牌效应，这个品牌就叫"梅妻鹤子"。所以，千年以来的文人墨客都很推崇他，称他为隐逸诗人，或直接就称他为隐士。这有张岱《西湖梦寻》中的记述为证：

> 山麓多梅，为林和靖放鹤之地。林逋隐居孤山，宋真宗征之不就，赐号和靖处士。常畜双鹤，豢之樊中。逋每泛小艇，游湖中诸寺，有客来，童子开樊放鹤，纵入云霄，盘旋良久，逋必棹艇遄归，盖以鹤起为客至之验也。临终留绝句曰："湖外青山对结庐，坟前修竹亦萧疏。茂陵他日求遗稿，犹喜曾无封禅书。"

可以想象一下这样的场景：或雨或雪，或晴空如洗，林和靖或独自一人，或携两三好友，欣欣然泛舟湖上。其坐的是私家小艇，杭州人称之为"西划子"；喝的是朋友送的上好绿茶，而且是要清明前的。这时，有两只飞鹤突然从湖面上滑翔而过，且还昂着脖子高叫呢。林和靖一看这情形便明白了，马上摇橹回棹，因为有朋友来了。

那个年代没有手机，所以他就养了两只鹤当手机，且话费全免，没有信号屏蔽之虞，那满湖的鱼虾已足够这两只鹤享用了。不仅如此，他至少做到了人鹤一体，因为就他这个著名的独身主义者来说，没有后代本来是一件悲凉的事情，但是他把鹤当儿子看待，就像今天人们养的宠物一样，如今的孤山还有放鹤亭。

更为重要的是，林和靖还是一个种梅高手。他写梅花的名作，我们早就知道了，仅凭"疏影横斜水清浅，暗香浮动月黄昏"这两句，林和靖就应是写梅的第一诗人，据说这两句也是最为欧阳修所赞赏的。而黄庭坚则更喜欢林和靖的另外两句咏梅诗："雪后园林才半树，水边篱落忽横枝。"还有像"横隔片烟争向静，半粘残雪不胜清"，也让人颇有感觉。所以苏东坡称林和靖为"先生可是绝俗人，神清骨冷无由俗"。

什么是俗？人们各有己解。关于林和靖的美谈之一，便是他能在孤山结庐而居，且种了大片大片的梅花。不要以为他只是一个浪漫主义者，实际上他还是一个颇为入世的现实主义者，据说他是靠种梅树而生存的。因为他至少要吃饭吧，至少还养了一个书童（估计还有用人），他又不做官又无房产出租，虽然慷慨的朋友是有很多，但是他是有底线的。那怎么办呢？那就是靠梅树结梅子，让用人去拿梅子换钱。这在今天看来有点"梅家乐"和"湖家乐"的味道。在文人那里，这"梅妻鹤子"不只是独乐乐而已，已上升为一种审美了，这不但不变态，而且还是一种美学趣味呢。

　　张岱已经把林和靖写得明明白白，"宋真宗征之不就"。征一万个人，九千九百九十九个是会"就"的，就这么一个林逋"不就"，那名声就大了。而且传闻宋真宗还是很重视文化人的，他曾令地方官员每逢过年过节都要去看望林诗人，去送温暖。这一看望，米和油一定是要拿去的，还要送上一个红包。这么一来，林和靖就把隐士做出名来了。从字义和理论上来说，隐士应该是没有名声的，隐士有名声且还有地位，这也就是中国文化的特色了。"士"和"仕"原本意义相近，儒家讲"穷则独善其身，达则兼济天下"，所以有一部分士是抱独善其身之姿态的。原因有很多，有的是不合作者，有的是自由分子，有的则纯属个人原因，比如性格脾气等不合群，当然也有一部分是受老庄之影响而隐的，也有的所谓累了，想歇歇了，但不一定真的是看破红尘……这都是好理解的。但隐和士能统一在一个人身上，说明千年以来中国文化人还是掌握了一定的话语权的，因为除了隐士，甚至还有狂士之说，魏晋时期的"竹林七贤"就基本是这一路的。可见把某一方面做到极致了，你就是士的代表，便也就有了品牌。当然前提是皇帝要欣赏你，在当权者面前你还能狂起来，这至少是需要相看两不厌且惺惺相惜的，所以我们现在说宋朝真是一个文人当政的朝代，文人们活得有滋有味的。

　　现在人们只知道林和靖是四十不惑之后到孤山居住的，他本是杭州人，那也算是叶落归根。至于他是怎么获得西湖边的居住权的，我们实在是不得而知。林和靖在四十岁之前是游历颇多的，但有没有入仕不得而知，为什么不结婚，史书上也是语焉不详，但有一点是可以肯定的，即林和靖也不是一天到晚只写梅花，他也写颇有民谣风格的词作，比如这一首《长相思·惜别》：

　　吴山青，越山青，两岸青山相送迎，谁知离别情？　　君泪盈，妾泪盈，罗带同心结未成，江头潮已平。

后来便有好事者猜测他早年是有一段刻骨铭心的恋情的，他的不婚不仕，似乎都与这个有关。也更有好事者未将此词收入他的个人集子，理由是此词太粗俗了，看起来这样的选家实在太无趣了。

传闻林处士对自己的诗也并不想留存，据说也是随写随删，后来还是有心者偷偷地将之抄录下来，这才有了我们今天读到的那些作品，也才有后来的诗文大家对他的评价。当然，林和靖不是从天上掉下来的那个林妹妹，相传他是颇有家世的。据《西湖拾遗》记载："祖名克己，曾出仕于钱镠王，为通儒学士。"到了林和靖这里还是"通"，只不过是更为想通了，这倒也是中国文化的一脉支流。

以今天的眼光看，林和靖基本可归入行为艺术家的行列，如果说陶渊明属于田园派的，那么他就是属于山水派的。做人做艺术能成这样，也是一绝了。所以孤山之孤，孤山之"不合作精神"，其实全在林和靖身上体现出来了。

然而这毕竟也是文人之一意孤行，是一味地想象，不仅与传统的儒家精神不符，也可能跟真实的历史有所距离吧。因为书上提到过这么一个细节，说林和靖在听说自己侄儿入仕之后极为欢喜，这说明他是一个极有人情味的人，骨子里也不是一味地清寒绝俗。

侬是江南踏浪儿 HANG ZHOU

〔清〕华喦《林和靖梅鹤图》

再回过来说孤山，孤山因林和靖而著名，林和靖因孤山便有了气场。其实西湖原是个潟湖，而孤山则是由火山岩而形成的。孤山看似不高，海拔四十米不到，且不连陵，但想象一下吧，至少几亿年前那也是炽烈地喷发过岩浆的。由此来看林和靖，我们便也释然了。他选择了他的处世方式，把隐士做到极致，这就可以了呀，而且死后连墓也放在了孤山，这是很不容易的。像白居易、苏东坡这些大诗人，在杭州是留下了名作，留下了佳话，但要说跟西湖的关系，还是没有林和靖来得深厚。林和靖是生为湖上客，死为孤山鬼了，他的墓在孤山。宋室南渡，定都临安，杭州就成了帝都，孤山上便开始修建皇家寺庙。那时就有一次迁坟运动，原来山上的墓地等完全迁出，可唯独留下了林和靖的坟墓。据张岱《西湖梦寻》所记，南宋灭亡之后，便有盗墓贼看中了这个墓，他们以为林和靖是大名士，墓中的珍宝必定极多，于是去盗挖。可是坟墓之中，陪葬的竟然只有一方端砚和一支玉簪。端砚当然是砚之珍品，这是林逋的心爱之物，想必是到那个世界他也要给人书写吧。奇怪的是那支玉簪，这又是怎么回事呢？还要将之带到另一个世界去？这更加印证了林先生是一个有故事的人。

这样的故事属于西湖，属于孤山，就像一股气场，已经萦绕了一千年，它像那传入云霄的鹤唳，也像放鹤亭西面的空谷传声，或者就像手机铃声突然响了起来，接起来一听，呵呵，是林诗人打来的，他让你去孤山走一趟，因为梅子熟了，他的一幅新书法也写就了。

那我们就去看看吧，至少在书上、碑上是可以读到这么一段生平简历的：

林逋，字君复，杭州钱塘人。少孤，力学，不为章句。性恬淡好古，弗趋荣利，家贫，衣食不足，晏如也。初放游江、淮间，久之归杭州，结庐西湖之孤山，二十年足不及城市。真宗闻其名，赐粟帛，诏长吏岁时劳问。薛映、李及在杭州，每造其庐，清谈终日而去。尝自为墓于其庐侧。临终为诗，有"茂陵他日求遗稿，犹喜曾无封禅书"之句。既卒，州为上闻，仁宗嗟悼，赐谥和靖先生，赙粟帛。

陆游：小楼一夜听春雨

在杭州有一句老年人都懂的话，叫"杭州萝卜绍兴种"，意思是现在的杭州人如果往前推个两三代，有不少都是从绍兴出来的，可见杭州和绍兴的关系非同一般。鲁迅先生也曾形容过绍兴人像麻雀一样到处飞，这其实也是在说他自己。不过杭州人和绍兴人之间的关系，不仅在于人类学意义上，还在于文学、美学方面，即绍兴的萝卜在杭州播了一些种子，这些种子是诗歌的种子、文学的种子，当然也包括黄酒的种子，而它开出的花，结出的果，那就不仅仅属于绍兴和杭州，而是属于整个中华民族的。

本文要说的主人公陆游（1125—1210），南宋诗人陆放翁，越州山阴（今浙江绍兴）人，跟杭州就有着千丝万缕的关系。他在杭州写下的诗篇，为杭州留下了丰富而宝贵的文化遗产，这是我们要讲述他的故事的意义所在。

陆游的幼儿时代正好是两宋交替的时代，杭州在当时不仅是省府所在地，还是南宋皇城的首都，当时杭州称临安，绍兴称为山阴。

陆游一开始到杭州来是来赶考的，但他的科举之路不仅不顺，而且还颇具挫折。

陆游第一次到杭州是绍兴十年（1140），那一年他16岁，到杭州来参加考试，没有中第。

第二次是过了三年之后的绍兴十三年（1143），这一年他还在杭州"复习"了一阵子，第二年是考进士，还是没中。

第三次是绍兴二十三年（1153），这一年陆游29岁，已将三十而立。当时因为他祖上的功德，陆游的祖父和父亲都是朝廷的高官，所以他候补做了一个叫登仕郎的官。这样的官也是可以参加科举考试的，这种考试叫锁厅试。当时的考官叫陈阜卿，是个颇为正直的官员。也真是凑巧，这一年，秦桧的孙子秦埙也要来参加考试（看来形式还是公平的）。据说秦桧要求陈阜卿将其孙子判为第一名，但陈阜卿看过试卷之后却将陆游列为第一，这让秦桧由此记住了陆游的名字，心里不仅嫉恨陈考官也嫉恨陆游。过了一年，陆游又来杭州参加全国（礼部）统考，主考官又将陆游名列前位，因为他的确考得好呀。于是，秦桧更是迁怒于他，因为不仅他的名次高于其孙子，更重要的是陆游的文卷中有着恢复中原、抗金拒和的思想，这跟秦桧的施政方针显然是不一致的，最后，陆游就被故意黜落了。此后的几年时间里，陆游不能参加任何政治活动，直到秦桧去世后才得以出任福建宁德县主簿，次年秋调福州决曹，不久调回杭州担任敕令所删定官。在此期间，他住在杭州百官宅，与当时的文坛领袖周必大互为邻居并成为好友，史载他们两人"西湖吊古，并辔共载；赋诗属文，颇极奇怪"。

陆游踏上政坛后，这中间沉沉浮浮几十年，作为朝廷的臣子，他总体的政治倾向是主张抗金的。当时朝廷里有两派，一派主战，一派主和，客观地说，都有他们的道理。陆游的大半生就是处在这样的争斗中。究其一生看，他有时在杭州的朝中做官，那就算是京官，有时则是做地方官，比如在福建、江西和四川等任过职。在他仕途的晚期淳熙十三年（1186），他也在今天浙江建德的严州做过知州。他本是雄心勃勃想干一番大事，结果孝宗皇帝告诉他"严陵山水胜处，职事之暇，可以赋咏自适"。可见在皇帝眼里，你陆游把诗写好就可以了，我让你去这么一个山水胜处已经是善用你了。

光宗皇帝对陆游还是不薄的，在他上位之后，给陆游安排了一个更高的职位，让他担任礼部郎中，相当于教育文化部的副部长，同时还兼了一个膳部检察，这是主管朝廷的祭器、牲豆、酒膳及藏冰的。当时的陆游就住在杭州的砖街巷，这有他《渭南文集·跋松陵集三》中的文字为证："淳熙十六年四月二十六日，车驾幸景灵宫，予以礼部郎兼膳部检察，赐公卿食……时寓砖街巷街南小宅之南楼。"

砖街巷就是今天的孩儿巷，清康熙年间的《仁和县志》有这样的记载："保和坊，即砖街巷，万历郡志云即孩儿巷。"他在这里写下了一首《临安春雨初霁》：

> 世味年来薄似纱，谁令骑马客京华。
> 小楼一夜听春雨，深巷明朝卖杏花。
> 矮纸斜行闲作草，晴窗细乳戏分茶。
> 素衣莫起风尘叹，犹及清明可到家。

其中"小楼一夜听春雨，深巷明朝卖杏花"最是脍炙人口，传咏至今。陆游把孩儿巷写进诗中的还有一首，叫《夜归砖街巷书事》：

近坊灯火如昼明，十里东风吹市声。
远坊寂寂门尽闭，只有烟月无人行。
谁家小楼歌恼侬，余响缥缈萦帘栊。
苦心自古乏真赏，此恨略与吾曹同。
归来空斋卧凄冷，灯前病骨巉巉影。
独吟古调遣谁听，聊与梅花分夜永。

  这两首诗其实是有异曲同工之妙的，都写出了南宋杭城的市井风貌，所不同的是：前一首比较明快，是心情大悦时所作；后一首略为苦涩，反映了诗人不能伸展抱负的苦闷心境。

  陆游住在杭州多年，游览西湖自然是他的功课之一，因此湖山之间留下了他的不少行迹。他到过天竺，去过灵隐，还曾在冷泉亭中饮酒。

陆游纪念馆的庭院

灵隐前，天竺后，鬼削神剜作岩岫。
冷泉亭中一尊酒，一日可敌千年寿。
清明后，上巳前，千红百紫争妖妍。
冬冬鼓声鞠场边，秋千一蹴如登仙。
人生得意须年少，白发龙钟空自笑。
君不见灞亭耐事故将军，醉尉怒诃如不闻。

这是他写在《西湖春游》诗中的，颇有点李白的味道，所以之前也曾有人称他为"小李白"。

陆游还写了《自真珠园泛舟至孤山》的诗，其中提到今天我们还熟悉的不少地名，如玛瑙寺、龙井等。诗是这样写的：

呼船径截鸭头波，岸帻闲登玛瑙坡。
弦管未嫌惊鹭起，尘埃无奈污花何。
宦情不到渔蓑底，诗兴偏于野寺多。
明日一藤龙井去，谁知伴我醉行歌。

当然让陆游念念不忘的还是岳飞，为此他赋诗道：

逢著园林即款扉，酌泉鬻笋欲忘归。
杨花正与人争路，鸠语还催雨点衣。
古寺题名那复在，后生识面自应稀。
伤心六十余年事，双塔依然在翠微。

诗中的"六十余年事"，说的就是岳飞冤狱，在陆游心中，岳飞一直是偶像，所以才会有"伤心"之言，也会有后来临终之时的《示儿》一诗。

前面讲到除杭州之外，陆游还在严州做过官。虽然皇帝派他去严州并不希望他做什么，但是对陆游来讲，严州是他们陆家积祖荫之地，他的高祖陆轸曾于宋仁宗庆历六年（1046）出任睦州知州。140年后，陆游踏着高祖的足迹也来到了这里，不过这时候睦州已经改名严州了。更有意思的是，40年之后，陆游的小儿子陆子遹又来到严州任知州。陆氏一门竟然出了三代严州知州，这不能不说是一种缘分。我们且来看陆游在严州写下的两首诗，一首叫《夜登千峰榭》：

夷甫诸人骨作尘，至今黄屋尚东巡。
度兵大岘非无策，收泣新亭要有人。
薄酿不浇胸垒块，壮图空负胆轮囷。
危楼插斗山衔月，徙倚长歌一怆神！

另一首叫《严州大阅》：

铁骑森森帕首红，角声旗影夕阳中。
虽惭江左繁雄郡，且看人间矍铄翁。
清渭十年真昨梦，玉关万里又秋风。
凭鞍撩动功名意，未恨猿惊蕙帐空。

这两首诗都有一个特点，即都不是写严州的山水胜处，反而是念念不忘"壮图空负胆轮囷"和"玉关万里又秋风"，这说明他一直有收复失土的梦想，即使是在赋闲的日子里。

陆游在严州三年，当然不只是赋诗度日，还勤政敬业。他重视农桑，三年内两次向朝廷请求减免灾区的赋税，还两次颁布劝农布告，鼓励农桑。这都是抓到根本上的事情，因为农民如果能种地，赋税又不重，如遇风调雨顺，那还是有一口饭吃的。因此严州百姓也自发地为陆游的高祖陆轸建祠，并刻石像供奉，"慰邦人无穷之思"。

陆游更有名的一首词，被人时常引用并用作对比的还是他的《卜算子·咏梅》：

> 驿外断桥边，寂寞开无主。已是黄昏独自愁，更著风和雨。　无意苦争春，一任群芳妒。零落成泥碾作尘，只有香如故。

词中有"断桥"一词，可见也是在写西湖之梅。孤山是历朝历代的观梅胜地，那个地方特别阴冷，适合梅花的开放。这首词也被认为是陆游内心世界的写照。另一个写梅的高手就是林和靖，隐居于孤山，亦是陆游的偶像。

作为一个诗人，陆游之所以能够进入今天的大众视野，主要还是因为有一段爱情传说。他题在绍兴沈园的一首名为《钗头凤·红酥手》的词，词中他的"错错错"和据说是唐琬应和的"难难难"也成了千古绝唱。

陆游和唐琬这相互应和的两首词成就了一个沈园，这就是大诗人的价值所在。本来沈园是一个极为普通的宅园，普通如鲁迅笔下的百草园，但就因为一首诗、一个传说，它就成了一个文旅景点。所以从这个角度上说，人是最好的风景这一说也是有道理的。诗人作家笔下的场景，无论是原址、再造还是重现，都带有文本的价值，比如鲁迅笔下的咸亨酒店，那本是小说人物孔乙己活动的场所，但今天游客却要到此一喝一吃，这最终也还是文学的力量。这种力量不仅是用小说唤醒人，还包括让人享受市井风情等。设想杭州孩儿巷如能重现杏花春雨的情景，那又会是一种怎样的诗情画意。

陆游于嘉定三年（1210）在绍兴去世，享年86岁。去世前他写下了流传千古的《示儿》诗：

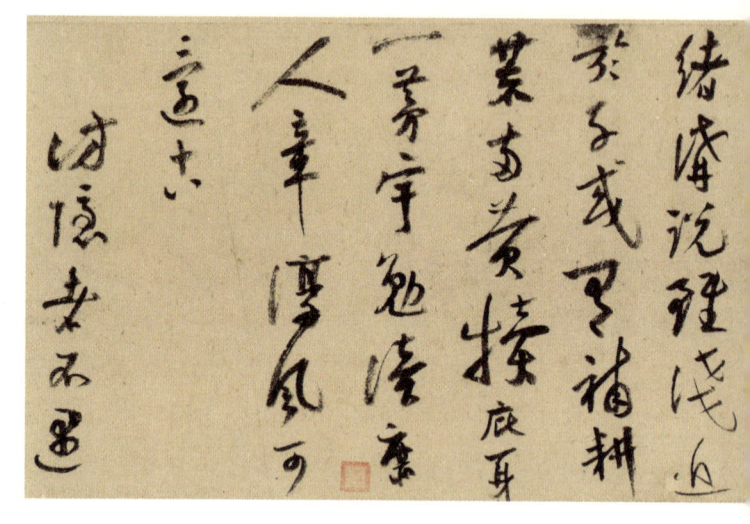

〔宋〕陆游《行书自作诗卷》（局部）

> 死去元知万事空，但悲不见九州同。
> 王师北定中原日，家祭无忘告乃翁。

陆游传世的作品有《剑南诗稿》85卷，计诗9000多首，还有《渭南文集》50卷，以及《南唐书》《老学庵笔记》等，数量之多、涉猎之广、质量之高，是唐宋以来极为罕见的。而用今天的话来说，他除了诗文数量多之外，还是一个贡献金句的高手。

如他的《游山西村》，就像是在给今天的农家乐做广告：

> 莫笑农家腊酒浑，丰年留客足鸡豚。
> 山重水复疑无路，柳暗花明又一村。
> 箫鼓追随春社近，衣冠简朴古风存。
> 从今若许闲乘月，拄杖无时夜叩门。

其中的"山重水复疑无路，柳暗花明又一村"，具有哲理的意味。

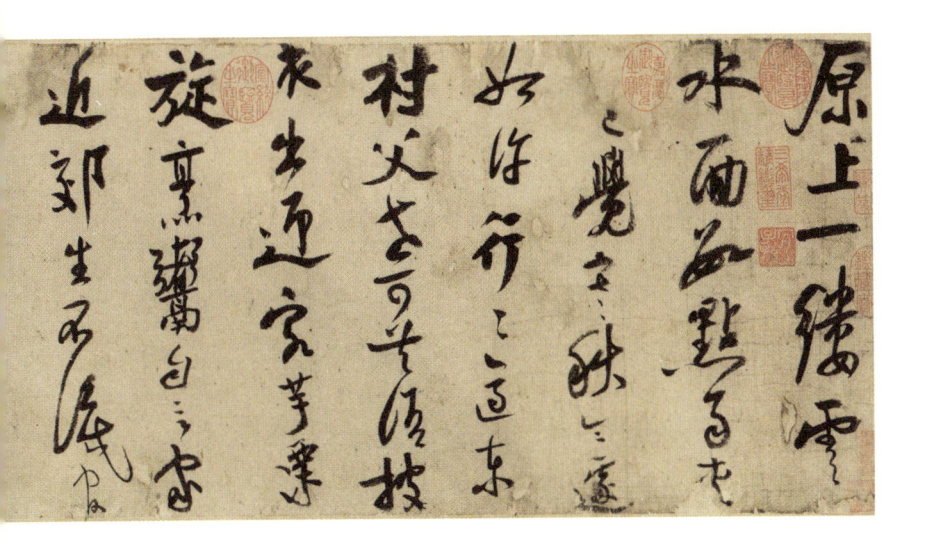

当然，最有名的一句当是"位卑未敢忘忧国"。这是自出他的《病起书怀》，写于成都，全诗如下：

> 病骨支离纱帽宽，孤臣万里客江干。
> 位卑未敢忘忧国，事定犹须待阖棺。
> 天地神灵扶庙社，京华父老望和銮。
> 出师一表通今古，夜半挑灯更细看。

这"位卑未敢忘忧国"一句，是跟范仲淹的"先天下之忧而忧，后天下之乐而乐"，顾炎武的"天下兴亡，匹夫有责"等精神一脉相连的，是中国知识分子家国情怀的生动体现，也是我们认识陆游的一把钥匙。虽然他说的"位卑"跟百姓认为的"位卑"并不是一回事情，但是在忧国报国这一点上的确是跟位卑、位高没有关系的。

张岱：西湖梦寻如隔世

张岱被杭州人提起，一般是在冬天最冷的那几天。这是为什么呢？因为这个时候杭州人都在盼着下雪，一下雪才有可能会出现《湖心亭看雪》的情形：

> 雾凇沆砀，天与云、与山、与水，上下一白。湖上影子，惟长堤一痕，湖心亭一点，与余舟一芥，舟中人两三粒而已。

因为有张岱的这一篇绝佳文章，或者说有明末的那么一场著名的西湖雪，我们今天的人在赞赏之余，总是多少有些遗憾的，即不管西湖下不下雪，下了也有些许遗憾，因为我们已经看不到张岱所写之景了。这就是张岱带给我们的那样一种审美。

通过《陶庵梦忆》，通过《西湖梦寻》，通过《夜航船》，这个绍兴人为杭州留下了诸多的美文。如果说白、苏是用诗词推广杭州，那么张岱是用散文，一种更为自由的文体在推广杭州。

张岱（1597—1689），一名维城，字宗子、石公，号陶庵、蝶庵，山阴（今浙江绍兴）人，明末清初文学家。

其所处年代，正处于明末清初改朝换代的岁月。他出生在一个仕宦之家，少年时代过着优裕的生活，当时流行的斗鸡、弈棋、踢球、弹琴样样都会，可谓声色犬马，醉生梦死。后来，这一切都戛然而止了，所以他的大半生实际上都是在写"梦"。梦寻也好，梦忆也罢，他确实为后世留下了美好又沧桑的文字。

10多岁时看电影《桃花扇》，觉得很不好理解，好像是一个叫李香君的女人，不仅忠贞不渝于爱情，还为一个国家而香消玉殒。其实年少时谁都激愤过，怒发冲冠的不仅是岳飞一个人，还有一代又一代的中国人，但每一代又都有每一代的问题，所谓朝代更迭，于我们这些活在太平年代的人来说，实在没有更为切肤的体验。正如我们今天以张岱来切入隐居这一话题，也只能从审美的角度来谈论，而不是真的也去披发入林。虽然在陕西的终南山，今天也有隐士一族，但我以为如真要隐，可以大隐隐于市，不一定要去什么隐士集合村，那差不多就是行为艺术了。再说哪个地方没有好隐之处呢？就说我们杭州西湖吧，从某种程度上说，你跟山山水水的亲密接触，不也是一种隐的状态吗？春柳夏荷，秋桂冬雪，不仅张岱们喜欢，今天的我们也喜欢的呀。

很有可能，也有人会认为此种想法纯是书生之气。因为在当下这个社会，隐不仅是一种文化身姿，也还有一种经济考量，所以大家隐在一起隐出文化来，很可能会比较划算吧，政府会以一个冠冕堂皇的理由免你一些隐资。

就张岱来说，他恰遇明亡清兴，正处于历史车轮之滚滚向前碾压之时。于个人际遇来说，国破和家亡一定是连在一起了，所以才有了锥心刺骨之痛，才会有命运的急转直下。张岱在晚年《自为墓志铭》中有极其铺张的一段话：

> 少为纨绔子弟，极爱繁华。好精舍，好美婢，好娈童，好鲜衣，好美食，好骏马，好华灯，好烟火，好梨园，好鼓吹，好古董，好花鸟，兼以茶淫橘虐，书蠹诗魔，劳碌半生，皆为梦幻。年至五十，国破家亡，避迹山居，所存者破床碎几，折鼎病琴，与残书数帙，缺砚一方而已。布衣疏食，常至断炊。回首二十年前，真如隔世。

我以为这还是一种真实的写照吧。其实哪个文人不好这些东西呢？你看一个"极爱"和十二个"好"，活生生道出了张岱在 50 岁之前过的那一种锦衣玉食的生活，这是有不少关于他本人的评述文字可作佐证的。但就在这样一种骄奢淫逸的生活状态下，明朝灭亡了！

前面提到的《桃花扇》，就是明亡的时代背景。首鼠两端和保持气节的版本，实在是每个朝代都有的，就是后来清亡，王国维要投湖殉葬，这也曾是我们所不能理解的事情啊。因此这样的事情，如果哪个人遇上了，那真不是写一首诗抒抒怀那么简单的。

张岱就遇上了。

一个文人自己写诗文写得极好，大概没有人再愿意去写他的传记文字。在写作这篇文字时，我手头上除了《西湖梦寻》和《陶庵梦忆》之外，最新最全的也只有史景迁的《前朝梦忆——张岱的浮华与苍凉》一书了。史景迁不同于黄仁宇，史是个美国人，但一个美国人能读出一个中国明朝文人的浮华与苍凉，这是极为不易的。当这两者统一于一介文人身上，便也是一个朝代的精彩和无奈。

关于张岱之隐,史先生是这样写的:

> 我们已无法追索,张岱是否早计划好要避开方国安与鲁王的朝廷,他本人也没有留下任何具体记述,得见他至绍兴西南百里隐居的三年,到底是何景况。此地山陵崎岖难行,多是孤村,蓊郁山林,间或几座寺庙错落。张岱在一首诗里提过,顺治三年,他隐居山寺几个月,仅带一子、一仆为伴,隐姓埋名,又把心力放在撰写明史上头。经过月余,因身份曝光,被迫避他寺再度藏身,与和尚们同住了一段时间。

由此可见,这是有目的之隐,因为他内心仍有追求。

而据张岱的自述,即《陶庵梦忆》的序中所写:

> 陶庵国破家亡,无所归止,披发入山,駴駴为野人。故旧见之,如毒药猛兽,愕窒不敢与接。作自挽诗,每欲引决,因《石匮书》未成,尚视息人世。然瓶粟屡罄,不能举火,始知首阳二老,直头饿死,不食周粟,还是后人妆点语也……

欲自杀而不得,只因心中还有理想,因此虽然"破床碎几,折鼎病琴,与残书数帙,缺砚一方而已。布衣疏食,常至断炊",但还是坚持了下来,或者说隐了下来。更为重要的是,也只有在这样的生活状态下,他才悟到了我们以前也常提到的伯夷、叔齐(即首阳二老)不食周粟的典故只是妆点语。我的理解是,张岱不是说不相信伯夷、叔齐,而是多少有点不以为然,或者说现在真的相信了,但是在饿死和气节之间,你还会轻易地歌颂气节吗?

张岱之隐,多少是有点被隐的味道。《陶庵梦忆》

之序中写得明明白白,那是国破家亡了,所以他不得不隐。张岱不愿意跟新政权合作,而这样的不合作,我们稍稍梳理一番,除了张岱和已经提到的伯夷、叔齐之外,尚有田横五百壮士杀身成仁;有魏晋名士的"风景不殊,举目有江河之异"之叹;有宋末元初的郑所南,改名思肖,隐居苏州,"宁可枝头抱香死,不曾吹落北风中";有八大山人画笔下的虫鱼鸟兽白眼向天;还有就是清朝遗老王国维的"五十之年,只欠一死。经此世变,义无再辱"。

每个时代有每个时代的义,但"辱"这个字却是千古以来同一意思,所以会有抗争,包括以隐的方式来抗争。我们今天的人,当然可以这么问:为什么那时的人总要提反清复明呢?因为反是反不掉,复是复不过来的,总是你自己不争气才灭亡的吧。而当大厦将倾之际,一首短诗、一篇散文都有可能成为最后一根稻草。那不是稻草的力量,而实在是一个政权病入膏肓,连苟延残喘

西湖冬韵

的机会都没有了。

作为文人的张岱,还是占了一个大便宜的,因为他以回忆者的角色叙述了他和一个时代的逝水年华。人之所以耿耿于怀地梦寻和梦忆,一定是这个梦产生的这块土壤已经不复存在了。所谓江山易改但本性难移,文人之本性,还不就是"自由"二字吗?身体不自由,精神尚可冲破牢笼;物质贫乏了,文字仍然可以华丽贵气。

我们现在喜欢张岱,多半还是因为他的文字。用今天的眼光,他的文字也等于是那个时代的微博体,简练而隽永,明丽而多姿。还有就是他文字中所流露出的那种腔调,这在今天是不可想象更不可复制的。而所谓腔调,又是取决于他处世的态度。先是高富帅,后做一介草民,这样的命运安排让他的文字有了沧桑之感。这对我们今天的生活态度也是一个启发。实际上抛开朝代兴衰不论,张岱的生活态度,如一字以蔽之,那就是一个"痴"字,即他对什么都有一种痴,一种投入。前面所提《自为墓志铭》中的 12 个"好",虽有物质前提,但人之好,有时也纯粹是一种精神状态,是一种取舍的态度。作为绍兴人的张岱(虽然他自称蜀人),被西湖所迷所痴,不仅仅《湖心亭看雪》是他留给杭州的名篇,其他像《西湖香市》《西湖七月半》等也都是佳作名篇。张岱在西湖上筑有"寄园"一处,隐居于西湖 40 多年,所以杭州于他而言,异乡即故乡。相比于李渔和袁枚而言,张岱对杭州的感情要更为深切,所以才能写得出更为感人至深的文字。

比他小 14 岁的李渔,则是选择了杭州作为他事业的跳板,同样取得了成功。那个袁枚也不会想到,有一天他的"苔花如米小,也学牡丹开"会突然网红起来,看来大家真的都很想做牡丹。但是只有张岱,不管西湖的冬天还是否下雪,他的文字就摆在那里,虽然时间已经过去了300多年,但是他的《西湖梦寻》仍是今天杭州西湖最好的导游手册。即使你现实中已经看不到某些景点了,但是读他的文字,不就是一场寻梦之旅吗?

第二辑

浩气长存

岳飞：八千里路云和月

在中国历史上，有一位英雄是一直被老百姓记在心中、挂在口上的，他的传说和故事估计也是最多的，这个人就是岳飞。一本《说岳全传》就让岳飞和岳家军的故事在民间几乎是家喻户晓，不管识字还是不识字的人，都能讲出岳飞的故事来，"岳母刺字""十二道金牌令"和"莫须有"等故事更是广为人知。而每当中华民族遭受外族入侵、祖国面临分裂之时，岳飞的民族情怀也是令无数英雄豪杰引为榜样，多少将士正是高诵着他的《满江红·写怀》杀向抗击外侮的战场的。

岳飞（1103—1142），字鹏举，南宋初抗金名将，出生于今天的河南省安阳市汤阴县菜园镇程岗村，父亲是个普通的农户。传说岳飞出生时，有大禽若鹄，飞鸣室上，故父母给他取名飞，字鹏举，意含大鹏展翅飞翔之志。

少年时的岳飞，寡言少语，却爱读书，尤爱兵书，他喜读《左氏春秋》《孙子兵法》，在做佃农的农余时间也常手不释卷。他拜周同（一说"周侗"）为师，学习骑射，不逾月，尽悉其术，左右手皆能射。之后又拜陈广为师，学习刀枪之法，说他"一县无敌"，又说岳

宋馮安民畫岳忠武王真象

具奏省卿珍滅摩肇冠
安靖一方應無遺類為
異日之患也朕甚嘉之已
詔卿赴行在可即日就
道勿憚暑行紀律嚴明
秋毫不犯卿之所能也朕
不多及七月十二日
　　勅岳飛

〔宋〕冯安民《岳飞像》

飞生有神力，能挽弓三百斤，弩八石，"时人奇之"。这在冷兵器时代是大有可为的。岳飞身经百战，在当了将领之后几乎都是身先士卒，冲杀在前，这跟他自身武艺高强也是分不开的。他的儿子岳云、女儿银瓶皆有可歌可泣的故事传世。

在岳飞的青年时代，东北女真族势力逐渐壮大，不断对宋发动大规模的战争，这就是我们所说的金兵入侵。在这样国难当头的情况下，岳飞在宣和四年（1122）20岁时就应征入伍。

岳飞是个孝子。应征入伍不久，父亲病故，他便离开军队，赶回汤阴为父亲守孝。两年之后，河北等路发生水灾，岳家生计艰难，岳飞为了谋生，又到河东路平定军投戎，被擢为偏校。

宣和七年（1125），金灭辽之后，便大举南侵攻宋。宋徽宗禅位于长子赵桓，即钦宗，次年改元靖康。东路金军渡过黄河包围开封，钦宗用李纲守卫京城，但最终还是答应议和，供奉了大批金银，许割太原等三镇与金。

靖康元年（1126），钦宗反悔割地，两路金军于攻破太原后会合，二次南下围困开封。钦宗在求和的同时使人送蜡书命康王赵构（即后来的宋高宗）为河北兵马大元帅，征召各路兵马以备勤王。

从平定军突围回到家乡的岳飞，处在忠孝不能两全的困境中，因为他亲眼看见了金兵入侵后人民惨遭杀戮、奴役的情状，心中愤慨，意欲投军，但又担忧老母年迈，妻儿力弱，在兵乱中难保安全。然而岳母姚氏是位深明大义的妇女，她决不愿意拖累儿子，而是积极勉励岳飞"从戎报国"，还在岳飞后背刺上"尽忠报国"，这就是后来演义中的"精忠报国"四个字。故事虽然多有传说的成分,但由此也说明岳家人的深明大义,岳飞以及他的子女也正是在这样的家庭环境熏陶下而成长起来的。

靖康二年(1127),金兵攻破了北宋的首都开封,掳走了徽宗、钦宗两个皇帝,这也就是岳飞在《满江红·写怀》中所提的"靖康耻"。当时金国举兵南下,攻城拔寨,短短五年时间里,两河两湖及浙江、江西等皆遭蹂躏,百姓家破人亡、流离失所。

岳飞品性高洁,克己奉廉,从不追求个人的荣华富贵。宋高宗见岳飞劳苦功高,曾想为他建造府第,那也是赵构最为器重岳飞、君臣关系最为良好的时候,但是岳飞却拒绝了皇帝的好意,他说:"敌未灭,何以家为?"传闻四川少帅吴玠欲跟岳飞交朋友,便送了一名美女给岳飞作侍妾,岳飞坚决不受,将领对他晓以"大义",说:"目前正要团结四方抗金,何不留她以结友好?"岳飞却说:"国耻未雪,圣上宵旰不宁,岂大将宴安取乐时耶?"吴玠见岳飞如此忠心报国,便对他更为敬重了,两人也结为好友。岳飞一生不贪财,不贪色,不事家产,平时布衣素食。曾有人问他:"天下何时太平?"岳飞回答说:"文臣不爱钱,武臣不惜死,天下太平矣。"

这是岳飞说出的大实话,也是岳飞的梦想之一,这个世界有像岳飞这样不惜命的,也有文官不爱钱,力主抗金的,但天下还是不太平,这是为什么呢?因为这世上总还有贪官奸臣,更有糊涂的皇帝。岳飞是有血性、有个性的人,他是军中力主抗金且要收复北方土地的人,一开始高宗也非常信任他,甚至向他当面授命:"中兴之事,一以委卿。"并且扩充了岳飞的军队。当时岳飞以为收复中原有望,便亲手写了一道《乞出师札子》。岳飞陈述了自己恢复中原的规划,而且提出要"迎还太上皇帝、宁德皇后梓宫，奉邀天眷以归故国。使宗庙再安，百姓同欢，陛下高枕万年，无北顾之忧"。但就在这时，和议派张俊和秦桧从中梗阻，高宗听从张俊之议，置已决之"前议"于不顾。岳飞一怒之下又上了一道乞罢军职的札子，不等批示，只向随行略事交代后就离开了建康，回到庐山母亲墓旁守制了。高宗一看岳飞辞职，便请人去庐山苦劝六日，岳飞这才答应再出山。

这就是岳飞的个性，刚正耿直。特别是当他的兵权已经很大，旁人对他忌惮三分时，他还是一如既往。

绍兴七年（1137）九月、十月间，岳飞入觐，向高宗提议立其养子赵瑗（即宋孝宗）为皇储，又遭高宗呵斥，这一事情触犯了高宗的底线。而这个时候宋金对立的形势又发生了重大变化。金太宗死后，完颜亶继承帝位，军事主战派逐渐失势，金便向宋廷呼吁和谈，但岳飞坚决反对和谈，他上疏高宗说："金人不可信，和好不可恃，相臣谋国不臧，恐贻后世讥。"高宗不听，而岳飞所说的"相臣"秦桧从此对岳飞怀恨在心，非诛之而后快。

绍兴八年腊月二十七日（1139年1月29日），秦桧以宰相身份代表宋高宗跪在金使脚下，答应取消宋国号，做金的藩属，并每年纳贡，宋金第一次和议达成。

绍兴九年（1139）正月，宋廷宣布大赦天下，以庆贺和议的成功。岳飞接到赦书之后，让幕僚张节夫起草了一份《谢讲和赦表》，表明自己不趋附和议，誓要"唾手燕云，终欲复仇而报国"。岳飞对朝廷加封的开府仪同三司官衔，虽三诏而不受。他在辞书中说："今日之事，可危而不可安，可忧而不可贺，可训兵饬士，谨备不虞，而不可论功行赏，取笑敌人。"高宗特下"温诏"，岳飞才不得已受之。

其后，岳飞又自请随宋使至西京洛阳谒扫先帝陵墓，以趁机窥探金国虚实，但未被允许。再后，岳飞又上二札子，要求解除自己的军职，字里行间对和议之事不无讽刺之意，高宗、秦桧先未予理睬，后批示不允所请。

这就是岳飞的个性，一意抗金，决不议和，且从不考虑和顾忌最高统治者的感受，但是形势的发展也真如岳飞所料。绍兴十年（1140），完颜兀术发动政变掌权，随即废除对宋和议，他们兵分四路再次南侵。岳飞率岳家军奋勇反击，在四十天时间内先后收复蔡州、郑州、洛阳等重镇，当年七月十四日，兀术率十万步兵和三万骑兵攻颍昌（今河南许昌）。王贵、岳云分率精骑与金军战于颍昌城西。岳云以八百背嵬骑兵作正面攻击，步兵分左、右两翼，以抗金军骑兵。颍昌之战，岳家军"无一人肯回顾"，杀得"人为血人，马为血马"，大败金军，斩俘金统军上将军夏金吾、副统军粘罕索孛堇等七千余人，获马匹三千余，兀术退还汴京。

这时岳飞的先头部队已经打到朱仙镇，离汴京只有四十五公里。当时岳飞兴奋地对部下说："直抵黄龙府，与诸君痛饮耳！"

正是在这样一派大好形势下，朝廷却痛失良机，他们命大捷的军队班师回朝，让岳家军处于孤立无援的地步，而且宋高宗赵构是一再下诏，强令岳飞班师，一天之内竟连下十二道金牌。在朝廷高压钳制之下，岳飞不得不下令班师。百姓闻讯拦阻在岳飞的马前，哭诉担心金兵反攻倒算："我等戴香盆、运粮草以迎官军，金人悉知之。相公去，我辈无噍类矣。"岳飞无奈，含泪取诏书出示众人，说："吾不得擅留。"于是，哭声震野。大军撤至蔡州时，当地百姓要求与部队一起行动。最后，岳飞决定留军五日，以掩护当地百姓迁至襄汉。大军班师鄂州，岳飞则往临安（今浙江杭州）朝见。兀术回到汴京，又整军攻取了被宋军收复的河南地区。岳飞在班师途中得知噩耗，不由仰天悲叹："所得诸郡，一旦都休！社稷江山，难以中兴！乾坤世界，无由再复！"由此，中原再次落入金兵之手。

岳飞回到临安后，被任以枢密副使的闲职，而金人对岳飞却耿耿于怀，他们写密书给秦桧："不杀岳飞，和议必不坚久。"

秦桧便勾结张俊进一步陷害岳飞，他们指使万俟卨等诬陷岳飞"爵高禄厚，志满意得，平昔功名之念，日以颓惰"。张俊还利用岳家军内部矛盾，威逼利诱都统制王贵、副统制王俊先出面首告张宪"谋反"，继而牵连岳飞。他们先逮捕了岳云和张宪，捏造口供，然后诬栽"张宪供通，为收岳飞处文字后谋反"。随即逮捕岳飞下狱。绍兴十一年（1141）十月十三日，岳飞被投入大理寺（原址在今杭州小车桥附近）狱中。

面对审讯，岳飞义正词严，并袒露出背上旧刺"尽忠报国"四个大字，主审官何铸见此，亦为之动容。何铸调查发现岳案证据不足，实为冤案，如实禀告秦桧。秦桧却说："此上（高宗）意也！"改命万俟卨主审此案。

万俟卨用尽手段，也无法使岳飞等三人屈招一字。岳飞宁死不自诬，乃至以绝食抗争，经其子岳雷照顾，才勉强支撑下来。

当年十一月初七，宋金"绍兴和议"达成，由宋向金称臣，将淮河以北的土地全部划归金国，并每年向金贡奉银二十五万两、绢二十五万匹。

和议虽已达成，但岳飞始终未能被释放。万俟卨等逼供不成，为了坐实冤狱，又为岳飞罗织搜集了所谓"指斥乘舆""坐观胜负"等数条罪名，欲将岳飞一举定为死罪。

大理寺丞李若朴、何彦猷认为岳飞无罪，与万俟卨竭力争议，均遭罢官处分。布衣刘允升上书为岳飞申冤，被下大理寺处死。已赋闲的韩世忠因岳飞入狱之事质问秦桧，桧回答："其事体莫须有。"世忠愤然："相公，'莫须有'三字，何以服天下？"

绍兴十二年（1142）1月27日，这一天是农历十二月二十九日，即除夕的前一天，宋高宗下达命令：岳飞特赐死。张宪、岳云并依军法施行。令杨沂中监斩，仍多差兵将防护。

岳飞在大理寺狱中被杀害（宋代史料并无"风波亭"的记载），岳云和张宪被斩首。岳飞的供状上只留下八个绝笔字："天日昭昭，天日昭昭！"

岳飞被害后，狱卒隗顺冒险将岳飞遗体背出杭州城，埋在钱塘门外九曲丛祠旁。隗顺临终前，始将此事告知其子说："岳元帅尽忠报国，后必有昭雪其冤者，我不及待，汝记之，将来有访岳元帅尸，汝可上其事，岳元帅腰下佩有玉，请其家人识之。又有一铅桶，内藏揭下当日枷锁之封皮，今埋尸旁，他日亦可为证也。"其地当时是一片堆积如山的螺蛳壳，所以《说岳全传》里，有"欲觅精忠骨，螺蛳壳内寻"的说法。

直到绍兴三十二年（1162）宋孝宗即位，岳飞冤狱终于平反。隗顺的儿子告以前情，宋廷乃将岳飞以礼改葬在西湖栖霞岭，同时还将西湖显明寺改为功德院以纪念岳飞。嘉定十四年（1221），又将智果寺改为祭祀岳飞的祠宇，这也就是今天杭州的岳王庙。1961年，岳飞墓被列为全国重点文物保护单位。十年"文革"中，岳庙和岳墓均遭到损坏，后来在岳庙还举办过泥塑《收租院》的展览。

岳飞生前曾在杭州居住过，被害后又葬在西湖边，因此杭州留下了英雄的不少故事，也有一些生活的遗迹。其中他的故居，原来在杭州法院路、菩提寺路的斜对面，就是今天的岳王路和岳王新村一带。岳飞的故居旁，曾有一口井，据说是岳飞的女儿银瓶抱瓶投井的地方，这座井就叫银瓶井。

岳飞在杭州的坟墓有两处，一处即栖霞岭下的岳坟，一处在众安桥（原庆春路第二小学内）。后者是1864年杭州司狱吴廷康造的，他认为岳飞最初的遗骨是埋在众安桥旁的，所以才购地建起了衣冠冢。但据现在的考证，他初瘗处是在钱塘门外。无论是哪一种说法，都已无迹可寻了。

岳王公园一角

岳飞的部将有不少也葬在杭州，张宪是葬在玉泉路口，另一人们喜欢的牛皋将军是葬在紫云洞前，张保的墓在长寿路，王横的墓在法院路，李宝的墓则在花港公园旁（已毁）。

所有这些都说明，杭州的老百姓是非常尊崇岳飞和岳家军的，后来人们把三位大英雄岳飞、于谦和张苍水尊称为"西湖三杰"，因为他们都埋在西湖边，都跟杭州有着深厚的渊源。正是这样的忠魂千百年来一直保佑着我们这座城市，也让杭州的青山绿水间多了些英雄气概。

文天祥：留取丹心照汗青

如果说岳飞排第一，那文天祥就排第二，这样的位置是绝对不可撼动的。这个所谓的第一、第二，不是说功绩和成就的大小，而是缘于历史时空中的排序。但民众自有一种习惯的排法，从民间和民族的感情上来说，我们对岳飞和文天祥这样的英雄人物崇敬有加，将之视作民族脊梁和人中楷模。这些英雄不仅仅以马踏疆场和忠君爱国流芳百世，更重要的是他们都有名诗传世并千古流传。岳飞是壮怀激烈的"三十功名尘与土"，文天祥是"人生自古谁无死，留取丹心照汗青"，于谦是"要留清白在人间"，张苍水是"西子湖头有我师"。杰出的政治家和军事家，如果没有诗句传世，那可能在谈资上要逊色不少。正如两千年来的帝王，有诗传后人的，几乎寥寥无几，汉高祖刘邦有"大风起兮云飞扬，安得猛士兮守四方"，曹操也有"老骥伏枥，志在千里；烈士暮年，壮心不已"等，其气势和格调跟常人不同。

文天祥（1236—1283），初名云孙，字履善，一字宋瑞，道号浮休道人、文山，吉州庐陵（今江西吉安）人。他是宋末著名的政治家、文学家，与陆秀夫、张世杰并称为"宋末三杰"。

传闻文天祥长得一表人才，颜值相当高，《宋史》上称他"体貌丰伟，美皙如玉，秀眉而长目，顾盼烨然"。在孩提时，他看见学官中所祭祀的乡贤欧阳修、杨邦乂、胡铨，谥号都有"忠"字，羡慕不已，并立下志向，他说："如果不成为其中的一员，就不是真正的男子汉。"

相比其他读书报国的人，文天祥的科举之路可以说是一帆风顺，他21岁即考取进士，在集英殿答对论策。当时宋理宗在位已久，治理政事渐渐怠惰，文天祥以"法天不息"为题议论策对，洋洋洒洒地写就一万多字，完全没有打草稿。对此，宋理宗十分欣赏，觉得此文是为他而写似的，于是亲自选拔他为第一名，这是极为罕见的。当时考官王应麟上奏说："这个试卷以古代的事情作为借鉴，忠心肝胆好似铁石，我以为能得到这样的人才可喜可贺。"

注意，当时的科举考试是选拔文官人才的唯一途径，应该说文天祥的路走得很正也很顺，他是在考中状元后再改字为"宋瑞"的，"天祥"和"宋瑞"，都是很吉利的名和字，也表明了他的一种抱负。

开庆元年（1259），元朝的军队攻打南宋，大权独揽的宦官董宋臣对宋理宗说要迁都，一时没有人敢议论和阻止。文天祥当时为宁海军节度判官，立即上书请求斩杀董宋臣，以统一人心。但此建议没有被采纳，于是他就自请免职回乡。后来文天祥逐渐升官至刑部侍郎，董宋臣又升为都知，文天祥还是盯牢董宋臣不放，再次上书一一列举他的罪行，但仍没有回音。这结果也是可想而知的，但从中反映了文天祥的个性。后来他又出外任瑞州（今江西高安）知州，改迁江南西路提刑，升任尚书左司郎官。文天祥在官场上起起落落，盖因不会明哲保身，多次遭台官议论罢职，后担任军器监兼权直学士院。当时贾似道担任丞相，他称自己患病，请求退休，想以此要挟宋理宗，但皇帝没有应允。文天祥起草制诰，所写文字都是讽刺贾似道的。注意，文天祥实际上也是贾似道的门生，但他把正道放在师道之前，考虑的是江山社稷。当时起草圣旨诰命的内制沿袭要呈文稿审查，文天祥没有呈送，贾似道便不高兴了，命令台臣张志立弹劾他。文天祥已经几次被斥责，于是他便援引钱若水的例子退休，当时他37岁。由此看出那个年代官员的进退实际上也是很有个性的，退休是一种，辞职是一种，借着替父母守孝等暂隐江湖也是一种，文天祥是这样，岳飞也是这样，这才是有个性的人。

文天祥家境甚好，如真是退休，也是可以过安乐的小日子的，但他那颗忧国忧民之心不允许他这样。咸淳九年（1273），朝廷起用他为荆湖南路提刑，他毅然领命。德祐元年（1275），元军沿长江东下，朝廷告急。这个时候朝廷发出了"哀痛诏"，号召全国人民都来"勤王"。何为"勤王"？就是朝廷有难，发动民众起来支援。这也等于是全民发动，连民间的力量都要动用了。当然成功之后封赏也是很有分量的，否则谁愿意为王朝卖命呢？这个时候，文天祥在赣州当知府，接到诏书时，他想到了皇帝对自己的恩德，痛哭流涕。他派陈继周率领郡里的志士，同时联络西南地区部分少数民族，派方兴召集吉州（治今江西吉安）的士兵，于是各路英雄豪杰群起响应，一时聚集兵众万人。此事报到朝廷，皇帝命令他以江南西路提刑安抚使的名义率军入卫京师。朋友制止他说："现在元军分三路南下进攻，攻破京城市郊，进迫皇城，你以乌合之众万余人赴京入卫，这与驱赶群羊同猛虎相斗没有什么差别。"文天祥答道："我也知道是这么回事。但是，国家抚养培育臣民百姓三百多年，一旦有危急，征集天下的兵丁，这时没有一人一骑入卫京师，我为此感到深深的遗憾。所以不自量力，以身殉国，希望天下忠臣义士听说此事后能奋起。依靠仁义就可以自立，依靠人多就可以促成事业成功，如果按此而行，那么国家就有保障了。"

这就是文天祥的性格，也是古代知识分子和官员所讲的"天下兴亡，匹夫有责"。文天祥平生衣食丰厚，声伎满堂，这时却痛心地自己贬损责罚自己，还把家里的资产全部作为军费。每当与宾客、僚属谈到国家时事就痛哭流涕，抚案说道："以别人的快乐为快乐的人，也忧虑别人忧虑的事情；以别人的衣食为衣食来源的人，应为别人的事而至死不辞。"于是文天祥带领一万多兵马杀到了临安（今浙江杭州），这就跟杭州发生了密不可分的关系。也有一说勤王的兵马有五万多人，这可能有点言过其实了。

德祐元年（1275）八月，文天祥率兵到临安，当时他是想跟元军决一死战的，但朝廷却并无此意。当时丞相陈宜中不在朝廷，文天祥的兵马暂时也没有受到派遣。陈宜中是个主和派，当时南宋的军队是一路兵败如山倒。

德祐元年（1275）十月，文天祥的部队到达平江，这时元军已从金陵出发进入常州。文天祥派遣他的将帅朱华、尹玉、麻士龙与张全援助常州，但最后都纷纷兵败。元军攻入常州后，陈宜中召令文天祥弃守平江，退守余杭。

德祐二年（1276）正月，文天祥担任临安知府。不多久，宋朝投降，陈宜中、张世杰也都撤退了。朝廷继续任命文天祥为枢密使。不久，担任右丞相，这已经是可以代表朝廷行使权力了。果然，朝廷派他作为使臣到元军中讲和谈判，这真使文天祥百感交集、伤心不已啊。

元军的大本营当时设在临平的明因寺，而他们的驻军已经在皋亭山。皋亭山即在今天的杭州城北面，山下的一片区域后称半山。历代文人墨客对皋亭山多有吟诵，留下不少遗迹和传说，其中最为感人的就是文天祥在与元军谈判过程中的不卑不亢、有礼有节。说是谈判，实际上是洽降，元军认为你宋廷是去投降的，而我们今天站在文天祥这一立场当然是说去谈判的。

当文天祥一行到达时，元军首领伯颜最想拿到的是一张降书，谁知文天祥却说了一番让他极为愤怒的话，文天祥说："担任使臣是前丞相的事情，情况我也不太了解，太皇太后虽任命我为右丞相，但我还没有行拜相之仪，所以不能代表朝廷来谈事。今天来只是想了解一下情况，而不便行洽降之事，但是我希望你们能退到嘉兴或苏州，这样我们才可以继续谈判……"

你看，文天祥玩了一下"外交辞令"。的确，他还没有正式接受右丞相的职务，但朝廷派他上皋亭山，实际上已经授他为全权代表，于是伯颜一怒之下就拘捕了文天祥。古话说两军交战，不杀使臣，但伯颜想我已经

皋亭山

兵临城下，何况弱军无"外交"可言，也无讨价还价的筹码。伯颜说："我再前进三十里，就可杀到你皇城里面了，你还有什么资格来同我谈判？"

就这样，文天祥做了阶下囚。朝廷听说右丞相被拘，即派左丞相吴坚前来洽降，这时就二话不说递上了降书。听到这个消息，文天祥悲愤欲绝，随后他就被押守到镇江。当时文天祥已经和部下在密谋逃跑，也真是老天有眼，他和十几个部下还真的在船上逃脱了，并且一路周折赶到了福建，于是又举起了抗元的大旗。

景炎三年（1278）八月，流亡的新朝廷加封文天祥为少保、信国公。这时军中瘟疫流行，士兵死了几百人，文天祥的母亲和他唯一的儿子也死了，但是文天祥还是继续率部抗击。十二月，文天祥被俘，他的部下大多被处死，随后他被押至潮阳。见元军大将张弘范时，左右官员都命他行跪拜之礼，但是文天祥不拜，张弘范于是以宾客之礼接见他，同他一起入厓山（今广东新会），要他写信招降张世杰。文天祥说："我不能保卫父母，还叫别人叛离父母，可以吗？"在厓山，他写下了《过零丁洋》的千古诗篇：

辛苦遭逢起一经，干戈落落四周星。
山河破碎风抛絮，身世飘摇雨打萍。
皇恐滩头说皇恐，零丁洋里叹零丁。
人生自古谁无死？留取丹心照汗青。

张弘范数次劝降文天祥，但他都不从，于是就被押到京师。一路上，文天祥绝食八天不吃饭，到达燕京后才又吃饭。当时，忽必烈多次搜求有才能的南宋官员，名臣王积翁就说了："南宋人中没有谁比得上文天祥。"于是忽必烈派遣王积翁去传达圣旨，文天祥说："国家亡了，我只能一死报国。倘若因为宽赦，能以道士回归故乡，他日以世俗之外的身份作为顾问还可以。假如立即给以高官，不仅亡国的大夫不可以此求生存，而且把自己平生的全部抱负抛弃，那么任用我有什么用呢？"

文天祥在狱中曾收到女儿柳娘的来信，得知妻子和两个女儿都在宫中为奴，过着囚徒般的生活。文天祥明白：只要投降，家人即可团聚。但文天祥不愿因妻子和女儿而丧失气节。他在写给自己妹妹的信中说："收柳女信，痛割肠胃。人谁无妻儿骨肉之情？但今日事到这里，于义当死，乃是命也。奈何？奈何！……可令柳女、环女做好人，爹爹管不得。"

王积翁想与宋臣多人一起请求释放文天祥，让他当道士去，但同样是状元出身却向元投降的丞相留梦炎不同意，他说："文天祥放出后，又在江南号召抗元，置我们这些人于何地？"后来民间又有人想起兵救文天祥出狱，元朝廷遂决定处死文天祥。

文天祥临上刑场时特别从容不迫，他被押解到柴市口刑场的那天，监斩官问他："丞相还有什么话要说？回奏还能免死。"文天祥喝道："死就死，还有什么可说的！"他又问监斩官："哪边是南方？"有人给他指了方向，文天祥向南方跪拜，说："我的事情完结了，心中无愧了！"时为至元十九年十二月（1283年1月）。

几天以后，文天祥的妻子欧阳氏收拾他的尸体，发现其面部如活着时一样。他的衣服中有赞文说："孔子说成仁，孟子说取义，只有忠义至尽，仁也就做到了。读圣贤的书，所学习的是什么呢？自今以后，可算是问心无愧了。"

文文山先生正氣歌

天地有正氣雜然賦流形下則為河嶽上則為日星於人曰浩然沛乎塞蒼冥皇路當清夷含和吐明庭時窮節乃見一一垂丹青在齊太史簡在晉董狐筆在秦張良椎在漢蘇武節為嚴將軍頭為嵇侍中血為張睢陽齒為顏常山舌或為遼東帽清操厲冰雪或為出師表鬼神泣壯烈或為渡江楫慷慨吞胡羯或為擊賊笏逆豎頭破裂是氣所磅礡凜烈萬古存當其貫日月生死安足論地維賴以立天柱賴以尊三綱實係命道義為之根嗟予遘陽九隸也實不力楚囚纓其冠傳車送窮北鼎鑊甘如飴求之不可得陰房闃鬼火春院閟天黑牛驥同一皂雞棲鳳凰食一朝濛霧露分作溝中瘠如此再寒暑百沴自辟易嗟哉沮洳場為我安樂國豈有他繆巧陰陽不能賊顧此耿耿在仰視浮雲白悠悠我心悲蒼天曷有極哲人日已遠典刑在夙昔風簷展書讀古道照顏色

丁酉五月林則徐書

在文天祥出生地江西吉安青原区富田镇当缅山，建有文天祥纪念馆，巍峨高大，一派浩然正气。在浙江温州的江心屿，也建有文天祥祠，以纪念他在此孤屿停留一个月，跟部下商议抗击收复之计。此祠原建于明成化十八年（1482），是为纪念文天祥就义200周年而建的。

杭州和皋亭山更没有忘记文天祥，在关于皋亭山的民间传说中，就有文天祥的传说故事。在今天的半山地区，还竖有文天祥的塑像，这些都是今天的人们在缅怀这位"留取丹心照汗青"的民族英雄。

于谦：要留清白在人间

中国的不少学生，最早是从语文课本上知道于谦的，那是因为他的一首《石灰吟》：

千锤万凿出深山，烈火焚烧若等闲。
粉骨碎身全不怕，要留清白在人间。

如果这个语文老师喜欢讲故事，那就会讲一讲于谦的"清白人生"，并且会强调他和岳飞、张苍水一起被称为"西湖三杰"。

于谦（1398—1457），字廷益，明钱塘（今浙江杭州）人。他是地地道道的杭州人，传闻曾在庆春门附近读书，且是一名早慧的神童，从小出口成章，尤其是对对子很是厉害。当时有个叫兰古春的和尚，听说于谦是神童，就想来试一试他的本事。那天，他看到于谦梳了两个小发髻就出了这么一句："牛头喜得生龙角。"于谦听了马上懂了，这是对方在暗暗嘲讽自己，于是马上针锋相对地来了一句："狗口何曾出象牙。"

于谦回到家里对母亲说不要梳成这样的发型了，于是母亲给他梳了三个发髻的。有一天，兰古春又看到了他，于是又出了这么一句:"三角如鼓架。"于谦针尖对麦芒地说:"一秃似擂槌。"

这话当然有点不太礼貌,不过那和尚却并不恼,认为于谦这个孩子将来一定会大有出息的。

关于于谦是神童的传说还有不少,比如说他6岁跟父亲和叔父上坟时,叔父于彦明因路过凤凰台便随口说道:"今日同上凤凰台。"这时于谦便脱口而出:"他日独占麒麟阁。"顿时让人惊讶不已。

于谦从小受到了良好的教育,少有志向,并以文天祥为榜样,传说他的书房里挂着文天祥的画像,以此激励自己。15岁时,他考上了钱塘县(今浙江杭州)的儒学生员,即人们所说的秀才,第二年又到吴山三茅观读书,2年后他在乡试中落第,但是他并不气馁,23岁时考中举人,24岁时考中进士,真可谓春风得意马蹄疾。第二年他即被任命为山西道监察御史,33岁时始以兵部侍郎的身份巡抚河南、山西,长达十年之久。他能够深入民间察访,体恤民情,对吏治的得失、百姓的苦乐、农业的歉丰、水利的兴废等民生大事,都及时采取有效措施,因此深受百姓爱戴,在民间被称为"于青天"。

更重要的是,于谦身上有一种刚正不阿的品质。比如地方官员,每年还是要上京奏事汇报工作的,且不说向朝廷官员送金赠银另有企图的,一般的官员也会带点地方土特产进京,如线香、手帕和蘑菇等,以此联络一下感情,但是于谦偏偏不带,他笑着举起袖口说:"我入朝怎么没有带东西呢?不是带了两袖清风吗?"并且还口占一绝:

手帕蘑菇及线香,本资民用反为殃。

清风两袖朝天去，免得间阎话短长。

他的这种作风，虽为不少官员称道，但也埋下了隐患。虽然他勤政爱民，也深受朝廷的器重，但一旦发生什么变故，他可能会没有一个"朋友"，人家都怕受到牵连。也有的官员觉得他坏了官场的潜规则，不懂为官之道。但于今而言，于谦为官清廉、两袖清风的个人品行，却是非常值得我们称道的。

于谦所处的时代，明朝正由兴入衰，原因是英宗皇帝继位时才9岁，大权落在宦官王振手里。当时贿赂公行，政治腐败，边防不修，社会矛盾日趋尖锐。正统十三年（1448），于谦应诏入京，担任兵部左侍郎（掌管全国军事的副职）。正统十四年（1449），北方瓦剌部酋长也先，突然发动了对明王朝的进攻，英宗皇帝听信王振的话，在毫无准备的情况下亲率大军迎战，于八月十五日败于河北怀来的土木堡，史称"土木堡之变"，结果五十万大军全军覆没，英宗被俘，成为人质。当时的京城只有十万老弱守兵，全城人心惶惶。英宗的弟弟、监国的郕王朱祁钰召集群臣商讨对策，当时有两派意见：一派以侍讲徐珵为代表，他提出南迁避祸的建议，认为应该迁都南京；一派以于谦为代表，他说京师是天下的根本，宗庙、社稷、百姓、仓储都在，岂可轻动？为何要重蹈靖康覆辙呢？于谦主张组织力量进行抵抗，郕王赞同于谦的主张。随后，皇太后命众臣拥戴郕王为景帝，景帝又命于谦任兵部尚书，统帅全军。于谦提出了抗击瓦剌、保卫京师的六条建议，并针对瓦剌以英宗要挟的阴谋，提出"社稷为重君为轻"的口号，并严令边关守将坚持抗战，由此也埋下了于谦之死的祸根，因为从此英宗便对于谦怀恨在心。

正统十四年（1449）的十月，瓦剌大举进攻京城，于谦守备有序,指挥有方,并身先士卒,打退了敌人的进攻。也先的弟弟孛罗中伏击,被炮火毙命,一万骑兵全军覆灭。此战打击了瓦剌的士气,京师也终于保住了,景帝便升于谦为少保,总理全国军务。

瓦剌败走之后,觉得再押着个英宗也没有什么用处,于是把他放了回来。当时就有大臣欲阻英宗南归,不过于谦倒没有阻止,他认为英宗不可能再有什么势力了。景帝听从了于谦的意见,同时也是为了表现自己的高姿态,所以迎哥哥回来,后来就将英宗软禁,长达七年。英宗一回,其当年的党羽便死灰复燃,想尽一切办法要让英宗复辟,于是兄弟俩开始了暗中你死我活的斗争。后来景帝在立太子的问题上又出尔反尔,得罪了不少大臣,再加上自己体弱多病,一病不起,不能再理朝政,把大权交给了同样抗瓦剌有功的石亨。石亨又去找到了英宗当年的宠臣徐珵(当时已改名为徐有贞),于景泰八年(1457)正月十六日晚,发动了有名的"夺门之变",英宗重登皇位,这一事件也称"南宫复辟"。

英宗复辟后当即下达命令逮捕于谦和王文,这其中起主导作用的还是石亨和徐珵。其实这两个人从内心也承认于谦是有恩于他们的,甚至包括英宗也认为于谦是有功于朝廷的,因为于谦不计私嫌,以社稷为重,朝臣上下皆有公论,特别是他为官三十余年,最后抄家只抄出了一些书籍,根本就没有什么私人财产。但就是这样一个品行高尚的人,最后还是被以"意欲迎立外藩,图危社稷"的罪名绑赴刑场,理由是跟岳飞一样的"莫须有",只不过改成了两个字"意欲",因为他们说于谦"虽无显迹,其意则有"。

据史料记载,于谦临刑时,"阴霾四合,天下冤之","京郊妇孺,无不洒泣"。于谦被害后,一开始无人敢去收尸，后来都督同知陈逵暗中派人收殓，悄悄埋葬于城西的一偏僻处，直到第二年才由于谦的养子将其送回故乡杭州三台山麓安葬。成化二年（1466），朝廷为于谦平反，并派官员到杭州祭扫于谦墓，并制祭文云："卿以俊伟之器、经济之才，历事先朝，茂著劳绩。当国家之多难，保社稷以无虞，惟公道而自持，为权奸之所害。在先帝已知其枉，而朕心实怜其忠。"万历十八年（1590），改谥曰忠肃。

于谦墓位于杭州市风景秀丽的三台山麓，西湖乌龟潭畔。于谦祠则在于谦墓旁。

于谦与岳飞、张苍水并称"西湖三杰"（"西湖三杰"

于谦祠"丹心托月"牌坊

中唯于谦是正宗杭州人），这让人想起了张苍水著名的《忆西湖》诗：

梦里相逢西子湖，谁知梦醒却模糊。
高坟武穆连忠肃，添得新坟一座无？

张苍水：西子湖头有我师

史称"西湖三杰"的英雄，除了岳飞和于谦，还有一位就是张煌言。张煌言（1620—1664），字玄著，号苍水，世人一般以"张苍水"称之。

张苍水在万历四十八年（1620）出生于宁波的一个书香世家。他父亲张圭章曾任黄宗羲家的私塾教师，在天启四年（1624）考中举人，曾任山西盐运司判官，官至刑部员外郎。张圭章43岁时得子张苍水。传闻其母赵氏生育张苍水时曾梦见五彩祥云入室，遂将儿子的小名取名阿云。张苍水12岁时母亲去世，后跟父亲相依为命。

传闻张苍水少时好学，诗文过目能诵，17岁时即考中秀才。当时考试除规定科目外，还要加试射箭，有点像今天的体育加试。一般的读书郎皆是手无缚鸡之力，这加试只是形式一下而已，考官也是睁一只眼闭一只眼，谁知轮到张苍水射箭时，竟然三发全中，引来一片喝彩声。这说明他少有大志，文武兼修，"慷慨好论兵事"。张苍水在23岁时又考中了举人，前景一片大好，如果不是明亡国破，张苍水的仕途应该是祥云高照。

不过青年时期的张苍水，也曾误入歧途。先是沉迷于道家养生之术而不可自拔，有一阵子整天练辟谷而不进食，导致身体暴瘦。后来，他又染上了赌瘾而欠债累累。其父张圭章对其痛心疾首，只能断其经济来源并广而告之，告诫乡人不要跟其接触。在张苍水不可自救之时，有一位名叫全美樟的同乡人出来接济张苍水。全美樟认为张苍水是个难得的人才，称其为"异人"，他不仅替张还清了赌债，还谆谆加以规劝，后来张苍水为报答此恩，遂将自己的独生女儿许配给全家的次子，张、全两家遂结成了儿女亲家。也幸亏这一门亲事，后来张苍水抗清失败遭杀害，包括妻子和儿子也都遭杀害的情况下，只有他女儿一族靠全家得以幸存下来。而且后来全家又出了个史学家全祖望，他在文字狱盛行之时，穷其一生之功，搜辑保存张苍水的遗作。这早就超出了儿女亲家的血亲之谊，而是在替一个民族保留最为珍贵的精神遗产。

正所谓浪子回头金不换，做过荒唐事情的张苍水，后来在国家危难之际挺身而出，坚持抗清十多年，直至兵败捐躯。

崇祯十五年（1642），清兵入关，一路南下。弘光元年（1645），张苍水变卖家产，与钱肃乐、沈宸荃等人起兵抗清，奉鲁王朱以海监国于绍兴。不久，鲁王赐他为"进士出身，加翰林院编修"。鲁王政权是南明政权之一，后来成为浙江的一个独立的小政权。

南明隆武二年（1646）五月，清廷征南大将军、贝勒博洛乘虚突破钱塘江，绍兴、杭州、义乌、金华等城相继失守，宗室乐安郡王、楚亲王、晋平郡王在金华殉国。鲁王则在石浦守将张名振护卫下自台州出海到达舟山。清兵攻破杭州之后，张苍水曾回到家乡鄞县（今宁波鄞州）跟老父和继母、妻儿诀别，随后追随鲁王一行至舟山。但舟山总兵黄斌卿却拒绝接纳，鲁王只得逃往福建长垣

（今马祖岛）。不久，鲁王去厦门，张名振留舟山待机。张苍水与张名振待局势稍定后，重返浙东与舟山地区，组织招募义军。

现在在宁波象山花岙岛一带，还流传着张苍水抗清兵的传说。说他追随鲁王漂流海上，突遇风暴，被抛到荒岛上。这时，张苍水做了一个怪梦，梦见有一个金甲神人对他说："饷君千年鹿，俟十九年还我。"第二天，他们果然得到了一头鹿，于是分而食之，暂时解决了困饥问题。这当然只是一个美好的传说而已，事实上是张苍水和义兵多采用游击战术，因此也时常被风暴和海潮所困。在屡败屡战的过程中，张苍水也得出了经验教训：他麾下的义兵大多勇猛有余，水战不足，究其原因是这些义兵多是山民出身，不善水性，一上船，战斗力就大打折扣。抗清义兵的战场主要在沿海一带，所以张苍水就亲自训练，希望练出一支"在大洋中能自运航"的部队。后来张苍水、张名振与郑成功部队合力抗清兵，在定海等处为主要战场，战争悲壮激烈。南明永历九年（1655），张名振猝死，兵力和士气便大受影响。

南明永历十二年（1658），永历帝封郑成功为延平郡王，张苍水为兵部左侍郎。同年清军进犯云贵，郑成功、张苍水进军浙江，攻克乐清、宁海等地，在羊山遇台风，损失船舰百余艘，漂没战士八千余人，于是他们被迫撤回厦门。

南明永历十六年（1662）五月，郑成功病逝，抗清斗争形势更为严峻。这时，清廷浙江总督赵廷臣趁张苍水义军处境艰难之际，再次写信招降，但张苍水丝毫不为所动，并回信拒绝。最后，张苍水在象山的花岙岛因叛徒告密，在寡不敌众的情况下被捕，并自始至终拒绝投降。一同被捕的还有罗子木和杨冠玉，后一齐被押解到省城杭州。

南明永历十八年九月初七（1664年10月25日），张苍水被清军杀害于杭州弼教坊。他赴刑场时，大义凛然，面无惧色，抬头举目望见吴山，叹息着说了一句："大好江山，可惜沦于腥膻！"也有传记说张苍水感叹着说了一句："好山色！"

就义前，他赋《绝命诗》一首：

> 我年适五九，复逢九月七。
> 大厦已不支，成仁万事毕。

临刑时，他"坐而受刃"，拒绝跪而受戮。监斩官见杨冠玉年幼，有心为他开脱。杨冠玉却断然拒绝道："张公为国，死于忠；我愿为张公，死于义。要杀便杀，不必多言。"言罢，跪在张苍水面前引颈受刑，时年仅15岁。一同受刑的还有罗子木。而在三天之前，张苍水的妻子董氏、儿子万祺被杀害于江苏镇江。

张苍水死后由鄞县（今宁波鄞州）万斯大等人秘密收尸，张苍水的外甥朱湘玉到总督衙门买回首级殡殓，并遵照张苍水在《将入武林》诗中所表示的愿望，把他葬于杭州南屏山北麓荔枝峰下。

张苍水遗骨的安葬是在保密的情况下进行的。建坟后，为避清廷耳目，称之为"王先生葬处"。墓前仅草草立一碑石，石上题"王先生墓"。在此后清康熙、雍正两朝的七十余年中，墓名一直这样保留。官府固然不明底细，民间也仅有少数人知情。而且，墓的外观也一直保持普通百姓墓葬的面貌，甚至常年埋没蒿莱，荒僻难寻。若干年后，撰写张苍水墓志铭的黄宗羲前来凭吊

张苍水祠

忠魂，到了南屏山下寻寻觅觅好长时间，才找到张墓，一洒追思战友的潸潸热泪。事后，他在《寻张司马墓》一诗中写道："夜台不敢留真姓，萍梗还来醉晚鸦。""夜台"意即坟墓，"不敢留真姓"正是指张墓姓王的境遇。

"王先生墓"恢复原姓，是清乾隆初年的事。那时，清朝统治已相当稳固，政治迫害代之以人心笼络。大约至迟不晚于乾隆八年（1743），杭州一位叫吴乾阳的道士，筹资重修张苍水墓，辟筑墓道，竖立神道碑，碑上刻由乾隆元年（1736）进士、著名学者鄞县人全祖望撰写的《明故权兵部尚书兼翰林院学士鄞张公神道碑铭》，详述张苍水一生经历，誉之为"啼鹃带血归南屏"。这样，"王先生墓"的真相才大白于天下，人们知悉后不禁感慨而又快慰，张苍水可含笑九泉了。

今张苍水的墓呈品字形，张苍水墓居中，左为参军罗子木墓，右为侍童杨冠玉墓。张苍水墓是浙江省重点文物保护单位。张苍水成了与岳飞、于谦一同埋葬在杭州的又一位民族英雄,后人称之为"西湖三杰"。清乾隆四十一年(1776),清廷对张苍水加谥"忠烈",牌位入"祀忠义祠",得享定期供祭。

张苍水墓东南侧还有张苍水祠。祠堂是一座白墙黑瓦的仿明建筑,正厅有张苍水先生像,高3米,四壁墙上挂有8幅壁画,追述了张苍水从少年到就义的悲壮一生。

杭州有张苍水,也真是为这座山水之城增色添彩,尤其是他那首著名的《将入武林》(其二),写出了这位大英雄的精神世界:

国亡家破欲何之?西子湖头有我师。
日月双悬于氏墓,乾坤半壁岳家祠。
惭将赤手分三席,敢为丹心借一枝。
他日素车东浙路,怒涛岂必属鸱夷。

秋瑾：秋雨秋风愁煞人

杭州西湖孤山之麓，有一尊雕塑是百看不厌的。有时我在那附近开会什么的，就会跑去远远地看一下，用手机拍几张照片。后来，我发现照片中总有人跟这尊雕塑同框，且那些人常常是背双肩包和带一把伞的。

这是一尊秋瑾的塑像。有鉴湖女侠之称的秋瑾，为什么站在西湖边？她一站在西湖边，让原本儿女情长的西湖，多了一分剑侠之气。而且只要她一站着，我们大约都是须仰视的，这种仰视有时也会带来误读，也有焦点不准的问题。

秋瑾是100年前的70后，于1875年生于福建厦门。因为祖父退休，她于15岁回到了原籍绍兴。从小她接受的都是传统的官宦家庭的教育，诗词和女红是必备的功课，据说秋家也甚为开明，由此她也接触了一些进步的报刊书籍。秋瑾所处的时代，已呈西风东渐之势，照相术已经使用，所以我们现在还能看到秋瑾的照片，她还是颇为端庄的现代女子。而从她早期的诗歌来看，风格是蛮婉约的，如"一湾流水无情甚，不送愁情送落红"，"陌上烟轻莺边语，帘前香暖燕双飞"，"窗外草如烟，幽闺懒卷帘"。这也都是那个时代常见的闺怨诗，只是

她的诗后来愈来愈有巾帼不让须眉之感,且看:

莫重男儿薄女儿,平台诗句赐蛾眉。
吾侪得此添生色,始信英雄亦有雌。

肉食朝臣尽素餐,精忠报国赖红颜。
壮哉奇女谈军事,鼎足当年花木兰。

关于秋瑾的婚姻,也是人们时常谈到的。秋家是跟湖南湘潭的王家联姻的。王家是商贾之家,跟曾国藩还多少沾亲带故。如果照传统的观点,商人跟文人、官人联姻,那算是高攀,但那时已经是19世纪末了,如果从现实的角度看,嫁给商人那是衣食无忧的。秋瑾至少比王廷钧大了3岁,如果秋瑾真是22岁结婚的,那王兄当时只有19岁吧。5年中,秋瑾为王家生下了一儿一女。作为王家的媳妇,一开始秋瑾也是称职的,相夫教子、侍奉公婆,日子也就这样过着。这个时候谁也想不到,她后来会轰轰烈烈,起因还是缘于丈夫王廷钧进京做官了。

1900年,秋瑾随夫来到北京,这一年她26岁。要知道1894年中日开战,即甲午海战,那是全体中国人的痛啊,随后的《马关条约》就挺能说明问题。大概从那时起,中国要强大才真正成为知识分子和国人的心声。在北京,秋瑾开始接触进步报刊,由此观念大变。这或许跟她与吴芝瑛的认识有直接关系。吴芝瑛大她七岁,吴的丈夫和秋瑾的丈夫同为清廷官员,不过吴芝瑛的丈夫廉泉官比王廷钧要大,两家住得很近,同住在菜市口西的南半截胡同。秋和吴都属于官太太,谈吐颇为投缘,后来又结成金兰之好。中国男人靠拜把子桃园结义,而女子也有这样的所好。

也正是在那个时期,秋瑾认识了日本教师服部繁

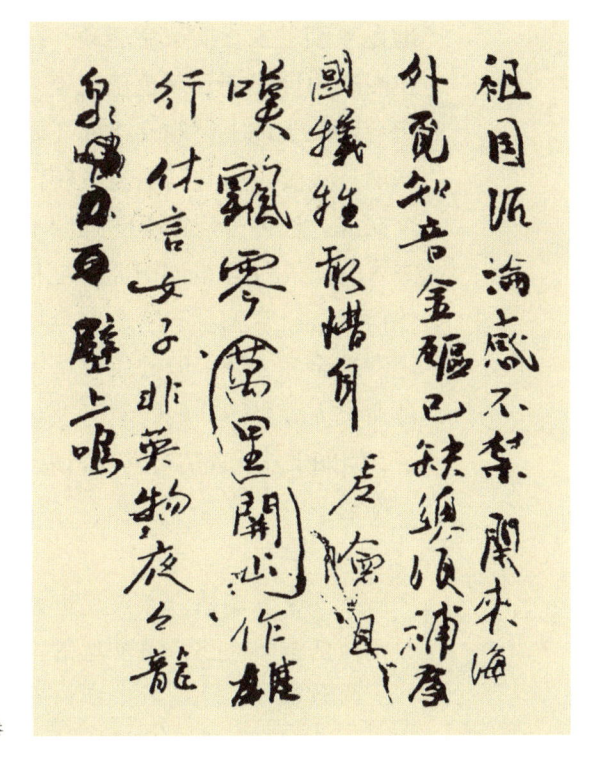

秋瑾自书诗卷

子夫人,服部繁子的先生是到京师学堂来做老师的。当时京城已有颇为流行的派对,叫"谈话会",服部繁子夫人就是在那样的场合见到秋瑾的。后来作为秋瑾留日的引路人和见证者的她,就留下了最为珍贵的第一手资料——《回忆秋瑾女士》。因为服部繁子夫人的回忆不是小说,书中详细地描述了她跟秋瑾见面时的情形以及秋瑾的真实想法,包括秋瑾丈夫的情况,服部繁子夫人还去过秋瑾的家里。

之前看到的各种资料中,总是说秋瑾的丈夫不好,吃喝嫖赌全来,何况当个官还是买来的,等等,竭尽能事地把这个男人说坏,好像以此就能衬托秋瑾的伟大和不凡。但这样的观点,从来就没有得到过王、秋两家后人的认可,因为按常识论,如果丈夫不支持妻子,一个有孩子的母亲是不可能出国的,而且也不可能那么轻易地抛家别子去参加革命活动。在秋瑾死后，这个王官人也没有再娶妻妾，而是承担着"罪名"，要把她葬在湖南老家的土地上，他临终前还要求与妻子合葬在一起。诚然，夫妻没有共同语言或貌合神离是存在的。作为一个丈夫，也许王廷钧不够强悍不够新潮，这有服部繁子夫人的记录为据，但要知道，姓王的当时是国家公务员啊，他得担心一家老小的生命安全啊。即使如吴芝瑛，跟秋瑾同结金兰之好，但她仅仅是思想新潮，本人也并不是革命党人。当然，我们也可以对服部繁子夫人的描述存疑，但如果从秋瑾的行为逻辑来看，倒还是比较可信的。服部繁子夫人曾这样写道：

> 我看着她，有点可怜她，说："秋瑾，你过分地沉溺于空想，渴求理想。家庭不是儿戏。丈夫越强暴越好，这是对家庭妇女的嘲弄。男子，强是其本分，但是有些是弱的；女子，弱是其本分，但有时是强的。你勉强地想战胜男子，正显示了你弱的本分。"秋瑾说："但是，夫人，我难以忍受平平淡淡的生活……"又说："请问夫人，在万世一系的天子的日本国，对革命，您怎么看？"我说："革命？秋瑾，我们日本是拥戴万世一系的天皇的国家，我们讨厌听到革命这种口号！"我脸显难色。秋瑾握着我手说："不，我不是说日本。在我们中国，拥夷族为天子，我认为这是一种卑屈。"
>
> 谈到这儿，我停止了话头，我看出这个妇女有过激的思想，革命是在中国的一种流行病，看来这个妇女也患了这种流行病。

服部繁子夫人的文字，最大限度地还原了这一个女子——秋瑾。

1904年春末夏初时节，秋瑾女扮男装，在服部繁子夫人的帮助下东渡日本，据说吴芝瑛倾囊资助，且在北京陶然亭为她饯行，并赠一联："驹隙光阴，聚无一载；风流云散，天各一方。"

吴芝瑛、秋瑾，后来还有一个徐自华，三个奇女子，锵锵三人行，传一段红颜佳话。

这个时候我们不知道秋瑾的老公在忙些什么。一个女子，为何如此热血澎湃？为何抛家别子？从家庭的角度以及秋瑾对自身、对妇女的看法来说，我们已经完全知道她是一个什么样的人了。而从民族和国家的角度来说，她更有自己的想法，这有她的诗为证：

> 莽莽神州叹陆沉，救时无计愧偷生。
> 抟沙有愿兴亡楚，搏浪无椎击暴秦。
> 国破方知人种贱，义高不碍客囊贫。
> 经营恨未酬同志，把剑悲歌涕泪横。

这就是把个人的解放跟民族的解放联系在一起了。今天我们称秋瑾是女侠，这个"侠"并不是说她真的去劫富济贫，而是指她的精神和气度。不过现在也有一种说法，说秋瑾本来是想去美国留学的，但后来还是去了日本，究其原因是日本一衣带水，从距离上、费用上来说更为现实一点吧，所以她选择了日本。那么我们假设一下，如果她去了美国，那还会是后来的秋瑾吗？据说她去美国是想学法律的，如果学了法律，一切真的依法行事，那还会有反清之义举吗？秋瑾在准备出国之前，已经在学日语和英语了，说明她是做好了两手准备的，或者说当时还在为去哪一个国家而犹豫。到日本后，秋瑾恶补日语，并结识了黄兴、陈天华、陈其美、陶成章、张静江等这些那个时代的牛人。那个时候，鲁迅和郭沫若都是先去学医，后来是弃医从文。文也好，医也罢，那都是一门技能吧，特别是理工科之类的，而秋瑾学到的就是两个字——革命。

革命在当时的具体含义就是结社和办报。据我们所知，她与陈撷芬一道组建了妇女革命团体"共爱会"，又加入了反清秘密团体"三合会"。注意，当时在秋瑾等一批革命志士看来，清廷统治就是"夷族统治"，所谓反清复明即是这个原因。包括同为绍兴人的刘大白，本姓金，也是出于政治的需要而改姓为刘，因为刘邦才是汉室的正统啊。秋瑾创办了《白话报》，发表了《演说的好处》《敬告中国二万万女同胞》《警告我同胞》等文章。当时秋瑾进的是一所实践女子学校，由于这是一所校规很严的学校，据称"如没有保证人的保证，就不能单独外出或单独与外人会面，除星期天外，每周至多只允许出校门二次，且外出和归来都必须向宿舍管理人报告"。秋瑾对学校的这种管理制度显然感到不满。这种不满一开始是说伙食不好，反正找了很多理由。

1906年，秋瑾回到国内，在上海北四川路厚德里91号租了房子，开始筹办《中国女报》。这自然是具有开创意义的大事，只是办报需要钱，钱从哪里来？秋瑾只得四处奔走，多方募集，又在报上大登广告，号召大家入股，可是响应者寥寥无几。走投无路的秋瑾最后终于想到了一个办法，那就是到湖南的公婆家去筹款。她公婆家很有钱，而秋瑾娘家由于父亲去世，在钱财上已经无力支持她。初冬，秋瑾回到湖南湘潭王家。公公知道儿子与儿媳之间不和，见到儿媳突然出现，以为她回心转意了，就热情接待。秋瑾对公公说自己想办学，但缺少经费，希望公婆家能给予资助。为了使儿子能和儿媳破镜重圆，秋瑾的公公爽快地拿出一笔钱送给秋瑾。几天之后，秋瑾又改成男装，不辞而别。

1907年1月，秋瑾在上海创办了《中国女报》。

《中国女报》是一种16开本的册子，封面上画着一个妇女，双手高擎一面旗帜，象征着妇女的觉醒和进步。该报以"开通风气，提倡女学，联感情，结团体，并为他日创设中国妇人协会之基础"为宗旨，在中国历史上第一次提出了成立妇女联合会的主张。为了使当时大多数文化水平低、不识字的妇女能看懂听懂，女报一律用白话文，并采用弹词、歌曲等民间喜闻乐见的形式。

该报的绝大部分稿件都出自于秋瑾之手。除发刊词外，她还写了《敬告姐妹们》《勉女权歌》《感愤》《感时》《精卫石》等政论和文学作品，编译了《看护学教程》。秋瑾在《中国女报》上试图铸造"国民"与"国民之母"的思想。她认为，"国民"大于皇权，男女亦平等："改革专制政体，变成共和，四万万人都有主权来管国家的大事"，而在这四万万人之中，不言而喻包括二万万妇女。

大约是1907年的2月，秋瑾接管了绍兴的大通学堂，后来数次来到杭州发动革命。据浙江首任督军、省长吕公望回忆，秋瑾那个时候来杭州时曾住城站附近的金钗袋巷，并在西湖南屏山下的白云庵跟徐锡麟密谋起义计划。她还在吴山、将台山等地秘密召开会议。3月17日，秋瑾和徐自华同上凤凰山，然后她们画了杭州街道的手绘地图，后来她们又到了岳飞墓，秋瑾在这里留下了她的"遗言"，她对徐自华说："如果死后真能埋骨于此，那可是福分太大了。"是的，人终有一死，但死后葬在哪里，有时并不是自己能做主的，而秋瑾倒是为自己做了一回主。

接下去的事情我们都知道了，大通学堂加紧了训练和谋划，这是一个反清的秘密基地。本来秋瑾是要和在安徽的徐锡麟形成一种呼应的，秋瑾负责发动在浙江等地的起义，但 1907 年 7 月 6 日，安庆事发，徐锡麟刺杀了安徽巡抚恩铭，起义很快失败，徐锡麟被捕就义。据说到了 10 日这一天，徐锡麟惨死的消息传到绍兴，秋瑾痛哭失声，不语不食。有人劝秋瑾立即离开绍兴，也有人劝她前往上海，并为她在上海的法租界找了一处隐居的住所，但她都一一拒绝。她说："革命要流血才会成功。如满奴能将我绑赴断头台，革命至少可以提早五年。"

这一点很让人不解，她为什么要束手就擒呢？有人说她以为大通学堂不会暴露，她做了转移枪支的行动，也烧掉了秘密文件，但也有人说她早做好了流血牺牲的准备，或者说徐锡麟的就义让她感到彻底绝望。官府来抓她时她没有反抗，抓她那天是 13 日的下午 4 点，而她被斩首是在 15 日的凌晨，这真是"从严从快"的典型案例了。她最后的绝笔是先写下了一个"秋"字，这本是她的姓啊，审判官逼她再写，她才在"秋"后面写上了"雨秋风愁煞人"。那时处于最热的夏天，是 7 月 15 日啊，所以秋瑾之"秋雨秋风愁煞人"已经超出了对时令季节的感慨。这一年，她 33 岁。

令人感叹的是，秋瑾死后民间便有声音强烈抨击官府，虽然当时没有网络，没有微信，但已有报刊。有一个史料很有意思，说参与搜查、审讯、行刑的山阴知县李钟岳，在秋瑾斩首 3 天后被撤职。他在杭州赋闲期间，经常流着泪，独自凝视、默诵秋瑾的遗墨"秋雨秋风愁煞人"。不到 100 天之后的 10 月 29 日，李钟岳便自杀身亡。

谁说中国人没有自省问责和忏悔意识呢？

而与秋瑾案相关的其他官员被调到地方任职时，也遭当地乡绅的上书拒绝。这些官员出行时，需军队保护而行，"然沿途之人焚烧锭帛、倒粪道中者，均骂声不绝"。民心之向背，由此可见一斑。

秋瑾死后的第二年，她的生前好友徐自华、吴芝瑛冒着杀头的危险，把她的忠骨迁葬于杭州西湖的西泠桥畔，这是为了实现好友的遗愿。

秋瑾的丈夫王廷钧，在妻子死后便郁郁寡欢，2年后抱病去世。临终前，他要求儿子把他跟秋瑾合葬在一起。

后来秋瑾的儿子王沅德将母亲的遗骨取出，归葬王氏祖籍湖南湘潭。1912年，辛亥革命胜利，革命党人复将她的遗骨移回西湖孤山，隆重再葬。为此，徐自华曾作《西泠重兴秋社并建风雨亭启》一文：

> 呜呼！风风雨雨，当年之殉义堪怜；烈烈轰轰，此日之英名永著。感承光复，益悼前徽，树之风声，能无有事？此自华所以于秋瑾之烈，思之又重思之，而不容不力为表阐也。
> 盖当瑾之殉，华尝卜地西泠，为结秋社，营墓，立碑建亭，藉资凭吊，乃触虏廷之忌，徇宵人之请，遽令伪抚增韫，立时毁损，亦可悲也。
> 顷者革命功成，共和愿遂，凡诸往烈，咸与表彰，而如瑾者，俊伟激发，尤吾女界之光，可无念乎？爰特布告同志，募集资财，谨择良日，就昔墓地，重建一亭，名曰"风雨"，以期永久，并就亭旁刘氏伪祠，改号秋社，奉君栗主，春秋祠社。其他女侠，凡殉烈于革命之役者，均与列焉。九原有灵，庶无憾乎！

1912年，孙中山为秋瑾题写"巾帼英雄"。

据记载，秋瑾墓迁徙的次数，大概也可列入中国之最了，现拷贝如下：

始葬：1907年7月，绍兴卧龙山西北麓。

首迁：1907年10月，迁往绍兴常禧门外严家潭。

二迁：1908年2月，迁葬于杭州西泠桥西侧。

三迁：1908年12月，因御史常征"告发"，被迫迁葬回绍兴城外严家潭。

四迁：1909年秋，远迁湖南湘潭昭山，与王廷钧（秋瑾丈夫）合葬。

五迁：1912年夏，迁葬湖南长沙岳麓山烈士陵园。

六迁：1913年秋，还葬杭州西湖西泠桥西侧原葬处。

秋瑾墓

七迁：1964 年，迁葬杭州西湖鸡笼山。

八迁：1965 年初，由杭州鸡笼山迁回西泠桥原葬处，改为圆丘墓，墓表石刻冯玉祥题联："丹心已结平权果；碧血常开革命花。"

九迁：1966 年"文革"发生，墓被拆除，遗骸再葬于杭州鸡笼山。

十迁：1981 年 10 月，还葬于西湖孤山西北麓，西泠桥南堍。墓顶设汉白玉雕像。

在这里要记住 1908 年 12 月、1964 年和 1966 年的这三次。

1908 年 12 月，那是清廷做的事情。1964 年，山雨欲来风满楼了，不要说秋瑾这样的女侠，地上地下的"牛鬼蛇神"统统惴惴不安了。1966 年，那就更是一言难尽了。好在秋瑾名气大，那些名气较小的烈士，则没有再迁回西泠桥边。苏小小虽不是烈士，但名气较大，后来也给重修了墓。

秋瑾墓设在西湖，让西湖少了一点脂粉气，多了一点侠气，而西湖和杭州，因有这样一位女杰，而让我们时时仰起头来。

第三辑

湖上大家

袁枚：人间才觉重西湖

公元 2018 年，一首五言小诗《苔》突然走红，进入了大众的视野：

白日不到处，青春恰自来。
苔花如米小，也学牡丹开。

然后马上有人问了，这首诗的作者是谁啊？作者就是大名鼎鼎的杭州人袁枚，就是写《随园诗话》的那个大作家。大作家的好作品很多啊，为什么单提这首《苔》呢？其实还是诗中有要让人安于平凡如苔米，而又要心怀梦想学牡丹之意，至于最后有没有像牡丹那样开放那又是另外一回事了。好的诗不是一加一等于二，应该是一加一大于二，乃至无穷。

其实袁枚还有一首写青苔的诗：

各有心情在，随渠爱暖凉。
青苔问红叶，何物是斜阳？

它写出了事物的丰富性又颇为机巧。

讲起袁枚，人们一般会提他的一则故事。这则故事发生在西湖断桥，说他有一天在断桥散步，迎面走来一位少年，满脸愁容，心事重重的样子。袁枚于是叫住了他，问他是从哪里来的。那少年说他是来自平湖的秀才，到杭州赶考来的，谁知一进钱塘门，行李和盘缠就被偷了，现在是身无分文，走投无路了。袁枚一听是秀才，想要看看他到底有没有才。于是袁枚说那你咏首诗给我听听，我给你一个题目，就叫《落花》吧。那位秀才面对西湖，略一沉思，便咏出了诗句，其中有"入宫自诩连城价，失路偏多绝代人"两句。袁枚一听就喜了，因为这两句既道出了秀才的窘境，又表达了他不凡的抱负。于是袁枚就邀这位秀才到他家中住宿，还赠他银两，并勉励他要不断上进。

其实根据题目当场作诗，是当时文人的基本功而已，但就在这样的"基本功"前，一个人是不是有才华，立马可以表现出来。人们之所以谈论袁枚的这一段逸事佳话，主要还是要说明袁枚是识才惜才的。这一点相当重要，因为苔花要学牡丹开也是要有条件的，比如所谓春风，而袁枚就是那个秀才的春风之一。

袁枚（1716—1798），字子才，号简斋、随园，钱塘（今浙江杭州）人，清文学家。袁枚幼年时曾在凤凰山的敷文书院读书。史载他从小聪慧，9岁即能作诗。注意那时只要入院读书就开始学诗了，像《笠翁对韵》就是给儿童们看的。袁枚24岁时就中了进士，可谓是少年得志，这跟之前的张岱、李渔都有所不同。袁枚中了进士之后被选任为翰林院庶吉士，后外调去做知县，都是一些不错的地方，溧水、江浦、沭阳、江宁，特别是江宁在当时就是个人口颇多的大县，公务极忙，他又很是敬业，这跟他的志向颇有距离。33岁时他父亲去世，袁枚便辞官归隐随园，奉养母亲，这等于是"专业"做一名孝子了。

从此，他不再出仕，做了一名纯粹的文人。辞官前，他在江宁购得一废园，"随其高，为置江楼；随其下，为置溪亭；……就势取景……故仍名曰随园"，晚年自称"随园老人"。在这个随园里，他和文人墨客咏诗作文，相互唱和，一时间是高朋满座，宾客盈门，当时袁枚已俨然成了一地的文坛领袖。这样的生活一直要到母亲去世后他守孝结束。这个时候，他已经年过花甲，开始了诗和远方之旅，行迹到达天台、雁荡、黄山、庐山、罗浮、桂林、南岳、潇湘、洞庭、武夷、丹霞、四明等，计有浙江、安徽、江西、广西、湖南、福建、广东等。要知道那时人和车马都慢，再加上他一副闲云野鹤状，游历这么多地方颇为不易，同时，他也留下了不少旅行中的诗文。

袁枚是一个著作等身的人，有文集、诗话、尺牍、笔记等，其中最有名的是《小仓山房集》《随园诗话》《随园食单》。也有说法是，随园这个地方原来还是曹雪芹的祖父曹寅的私家园林的一部分。今天有的房地产项目

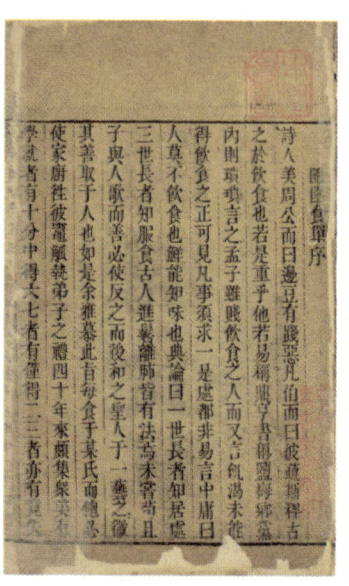

《随园食单》书影

也叫随园，不知曹雪芹还有袁枚会不会对此一笑而过。

袁枚在定居南京后还是常回杭州的，因为杭州毕竟是他的故乡，他也写了不少歌咏杭州的诗作，如《湖上杂诗》：

月明如水浸沙堤，堤上游行一杖携。
惹得家僮没寻处，夜深孤坐断桥西。

袁枚还写过系列咏诵岳飞的诗作，如：

不依古法但横行，自有云雷绕膝生。
我论文章公论战，千秋一样斗心兵。

其中最著名的当然是这一首：

江山也要伟人扶，神化丹青即画图。
赖有岳于双少保，人间才觉重西湖。

从这两首诗看，一方面他极为赞赏岳飞的崇高气节，另一方面他认为西湖之所以有名，就是因为有了岳飞、于谦这样的英雄在加持这一片江山，所以江山和英雄气概是互为因果、相互成就的，特别是"江山也要伟人扶"和"人间才觉重西湖"这两句，更是歌颂杭州和西湖的名句。

他还写过《施将军庙》一诗，前四句是这样的：

一德格天阁正新，一刀杀贼乃有人。
敷天冤愤仗谁雪？殿前小校施将军。

诗中的施将军指的是施全，他是一名宋殿前司小校。

他愤恨秦桧杀害岳飞,于是便在秦桧入相府的路上刺杀秦桧,惜未遂,后被凌迟于市。这是最残酷的刑罚,即骨肉分割而死。袁枚写诗歌颂施全,可见其爱憎分明。

袁枚是当时的文坛领袖之一,与赵翼、张问陶并称"性灵派三大家",性灵派是一种诗学观。袁枚生活的年代处于雍乾年间,当时的诗坛主要有三大流派,除了性灵派,还有沈德潜为首的"格调派"和翁方纲为代表的"肌理派"。沈、翁这两派的主要特点就是拟古和考据,即句句要有出处,要有典,这作为一种诗论诗观当然也是一说。而且这两位也的确都是大家,沈德潜的编选和翁方纲的文章都是自成一派的。沈德潜所编选的《古诗源》《唐诗别裁集》《明诗别裁集》《清诗别裁集》都是极好的选本。翁方纲也是一个大家,他在诗歌理论上主要是推崇复古。他这个复古不是唐代的古,而是宋代的古,

〔清〕袁枚《随园诗话》卷三载乾隆初杭州诗酒会

他特别推崇黄庭坚。翁方纲的书法堪称一绝。如果就诗论诗，沈和翁自然是不及袁枚的，因为袁枚的诗，都是写他自己的性情或性灵，是发自内心的生活感受，再加上语言也通俗清新，并不掉书袋子，所以很受欢迎。虽然大家普遍认为清诗成就不高，但三百多年前的杰出诗人仍是不少的，其中袁枚就是一个代表。他的《随园诗话》对后世也颇有影响，但凡今人要写诗论，袁枚的《随园诗话》以及王国维的《人间词话》经常是要引述的。

跟李渔一样，袁枚也是一个生活美学的提倡者，具体说来就是一位美食主义者。除了《随园诗话》之外，他还留下了一本《随园食单》，是精致生活的写照，直到今天还在影响着我们的生活。

《随园食单》成书于乾隆五十七年（1792）。全书分为须知单、戒单、海鲜单、江鲜单、特牲单、杂牲单、羽族单、水族有鳞单、水族无鳞单、杂素菜单、小菜单、点心单、饭粥单和茶酒单14个类别。在"须知单"中提出了既全且严的20个操作要求，在"戒单"中提出了14个注意事项。接着，用大量的篇幅详细地记述了我国从14世纪至18世纪中流行的326种南北菜肴、饭点、名酒。这比李渔《闲情偶寄》的"饮馔部"更为详尽。有些我们今天还在吃的杭州菜，他在书中也有所涉及，比如杭州人、绍兴人都喜欢的白斩鸡，他在书中称之为"白片鸡"。他说："鸡功最巨，诸菜赖之……故令领羽族之首，而以他禽附之，作羽族单。"于是在单子上列以鸡为主食材的菜数十款，蒸、炮、煨、卤、糟的都有，列首位的就是白片鸡，说它有"太羹元酒之味"。其实在广东菜中也有白切鸡，只是调料较丰而已。调料一变，就又有了新的菜式，比如说麻油鸡、口水鸡等，其实都是以白片鸡为基本原料的。

《随园食单》中对餐具等也有所涉及，而且许多理念与现代倡导的健康饮食不谋而合。比如"须知单"中的"洁净须知"："切葱之刀不可以切笋；捣椒之臼不可以捣粉。闻菜有抹布气者，由其布之不洁也；闻菜有砧板气者，由其板之不净也。工欲善其事，必先利其器。良厨先多磨刀，多换布，多刮板，多洗手，然后治菜。"再如"戒单"中的"戒停顿"，就是我们现今所提倡的现做现吃："物味取鲜，全在起锅时极锋而试；略为停顿，便如霉过衣裳，虽锦绣绮罗，亦晦闷而旧气可憎矣。尝见性急主人，每摆菜必一齐搬出。于是厨人将一席之菜，都放蒸笼中，候主人催取，通行齐上。此中尚得有佳味哉？"

《随园食单》不仅是厨者的案头经典，更是中国生活美学的代表作，特别是袁枚是杭州人，后又长驻南京，所以他的饮食体验和理论既有家乡的记忆，又是长江南北兼顾。而且他是用笔记体写成的，今天的人也能基本看懂。

无论是诗作还是诗学观点，包括涉及生活美学的食单，袁枚都为我们留下了丰富的遗产。

阮元：西子湖上一大家

可能许多人不知道，西湖申遗成功之后，西湖三岛之一的阮公墩就需要预约才能上岛游览。此岛甚小，却是遗世之风景，尤是从岛上看西湖，另有一番气象。

中国古代的官员，今天我们还在说到他们名字的，有一个比较有意思的现象，即这些官员大多是凭文字作品而为世人所知，这意味着这些官员的人生经历是可以跟文字相互印证的。他们有的官至省部级或地市级，但其政绩可能远没有他的一部文字作品更为有影响。也有的人官做得很不错，而他个人的学问成就更是赫赫有名，这其中最有代表性的人物，就是先后任浙江学政、浙江巡抚十余年的阮元。纵览他的一生，你想象不出他怎么可以做这么多的事情。这些事情中也有类似疏浚西湖的工程，但更多的是文化工程，是跟教育相关的，其中有不少是他亲力亲为的。

阮元（1764—1849），字伯元，号芸台，晚号怡性老人，这个晚号很有意思，说明了他的精神状态。江苏仪征人，清学者、文学家。他的祖父阮玉堂是武进士出身，官至湖南参将。父亲阮承信为国学生，修治《左氏春秋》，是一代古文大家。母亲林氏也出身于官宦之家，通晓诗书。阮元从小是跟母亲启蒙认字的，6岁进私塾就学，也是不敢输在起跑线上。母亲对他偏重于文字的教育，他的父亲则令他通文义和立志向学。阮承信对阮元讲"成败治乱，战阵谋略"，教他骑马和射箭，并对他说："此儒者事，亦吾家事也。"希望他文武兼备。这样的背景，你可以说阮元是学二代，也可以说是学三代。阮元的父亲一生为学，没有做过官，但是培养后代却注重身体力行，所以阮氏家风一直到现在还被人提及。阮元26岁时中进士，由此踏上了仕途之路。30岁时任山东学政，相当于教育厅厅长，由此得以游历济南山水，写有《小沧浪笔谈》，记述济南掌故风物，乃人文地理之佳作。后来他又结识了齐鲁的金石学家，遍访山东金石文物，撰成《山左金石志》24卷。注意当时的交通条件，既无绿皮火车也无高铁，人和马都走得很慢。这个慢为喜欢游历的官员创造了条件，特别是去云贵川任职，有的赴任路上就得走个一年半载的，有的到了之后就已经改朝换代了。

阮元于乾隆六十年（1795）任浙江学政，仁宗嘉庆三年（1798）返京，任户部左侍郎、会试同考官，并两次出任浙江巡抚。他在杭州期间，主要做了以下几件大事：

第一件大事是跟白居易、苏东坡一样，做了疏浚西湖之事。我们看古代的一些杭州官员，但凡比较有名气的，白居易、李泌、苏东坡、杨孟瑛等，都是做过疏浚西湖的大事。这大概也是个规律，过个百把年，总要有个官员出来疏浚一下西湖，因为年久失修，再好的工程也难免会老化，像西湖这样的就会淤塞，整个湖面会渐渐萎缩。嘉庆五年（1800），阮元集资4500两，征调了大量民工，历时2年，完成了此项工程。作为这个工程的"副产品"，即当时清淤出来的2万多吨淤泥，该怎么解决呢？阮元他们因地制宜，把这些淤泥堆在湖心亭西侧的一处湖面上，这便是后来湖中三岛之一的阮公墩，又称阮滩。

到了光绪年间（1875—1908），退休的湘军将领彭玉麟钟情西湖山水，在小瀛洲（三潭印月）筑退省庵为栖居之地后，又打算在阮公墩上辟建数间小屋，便亲自上岛来察看地形地貌。没走几步，他发觉岛上泥土特别松软，就拿来撑船的竹篙往地上刺，才稍一用力，竹篙便没入土中，有好长一截。这么松软的土质，建房屋是不可能的。彭玉麟自湖上归来后，笑对亲家公俞樾（俞曲园）说道："阮公墩真是'软'公墩哩！"

此后近百年间，阮公墩上除一度栽种木芙蓉外，一直只有野树乱草，鸟雀为窝，无人敢议兴建。可能湖泥实在肥沃，那墩上的草木都长得极为郁葱茂盛。直到1982年，为开发旅游资源，在这面积8.5亩的岛上增添1000多吨泥土，周围块石加固，基建240多平方米，辟有忆芸亭、云水居、环碧小筑等小屋，后又辟垂钓区，形成了颇具特色的"绿树花丛藏竹舍"的水上园林。因岛外碧波粼粼，岛上草木葱葱，所以"新西湖十景"的评定中也便添了一景——"阮墩环碧"。

曾经为开发旅游，解决杭州缺乏夜游线路的困境，有关部门也推出过阮公墩的夏秋仿古夜游，但终因生态和市场的原因而偃旗息鼓。

阮元在杭州做的第二件大事，就是在西湖边的孤山创办了诂经精舍，他聘请王昶等担任主讲，他们在那里一讲就是三十年，成就了一批精英，开启了一代学风。精舍的教学内容为经史、小学、天文、地理、算法等，像章太炎等当年都是从这个精舍里学成出去的。阮元的治学特点是由训诂入手，长于比对归纳。和他之前的徽派朴学前辈一样，阮元认为考据、义理、辞章三者是密不可分、兼顾并重的。尤为难得的是，阮元十分注重数学，精舍一度还是全国的数学研究中心，他本人还主持编撰了历代科学家传记《畴人传》（完成于 1799 年），是研究中国古代天文、历法、数学史的重要文献。本书共有 600 多位传主，既有张衡、葛洪、祖冲之、一行、沈括、秦九韶、郭守敬、徐光启、黄宗羲等 600 多位大家传记，也有欧几里得、哥白尼、利玛窦等 52 位外国科学家的传记作为附录。此书为中外科学史家所瞩目，民国时编入《清史稿》。后来诂经精舍的旧址又成了西湖艺专的校址，可以说是文脉有了传承。嘉庆十四年（1809），阮元在杭州任职的最后一年，又在灵隐寺的大悲阁创办了"灵隐书藏"，可以说是首开了浙江公共图书馆的先河。

更为重要的是，阮元自己就是一个大学问家，政务之余，他曾重刻刊校《十三经注疏》。这是一部大型的经学丛书，共 416 卷。刻印时，罗致了一些绩学之士担任校勘，由阮元总其成。阮元还主持重修《浙江通志》，对地方史的编撰研究亦有成就。阮元任两广总督时，在广州创建学海堂书院，并亲自讲学。有学长 8 人，担任教学任务，学习内容有"十三经"和《史记》《汉书》《文选》《杜工部集》《韩昌黎集》等，任学生选择一门，且作日记，由学长评阅指点。阮元被誉为才通六艺的一代经师，有中国学术史上的全才之称。

阮元在杭州皋亭山也留下了不少故事。

阮元先后在杭十几年，每到清明时节，他总要到郊外踏青，最喜欢去的就是远离尘嚣的皋亭山。他把皋亭比成绍兴的兰亭，和文人学士一起饮酒、吟诗、修禊。嘉庆三年（1798）的春天，杭城接连下了二十天的雨，天一放晴，他就邀好友陆耀遹、蒋征蔚等人，坐着小船到皋亭看桃花。当船靠岸后，看到皋亭山一带千树万树的桃花绚烂夺目。他们在桃花丛中饮酒吟诗，直到远处传来隐隐的雷声，醉意方醒，才登舟返回。

阮元所藏之宋白玉"善圣堂"印

嘉庆五年（1800），阮元时任浙江巡抚，这年的三月上巳日，阮元邀请了陈文述、吴文溥等好友，坐着画舫又到皋亭山，他们观赏桃花后又作图记事。陈文述还在画上写了一首绝句：

迎眸山色一痕青，修禊人来画舫停。
一种桃花与修竹，皋亭原不让兰亭。

嘉庆八年（1803），阮元到海宁一带检查海塘，回舟时特意从临平过半山看桃花，他屈指一算，再过几天就是清明节了。他看到的皋亭桃花开得无比艳丽，田野上还有金灿灿的油菜花，便随口吟出"江南江北花孰多，花多花少皆当歌。千红万紫不来看，花自春风人奈何"的诗句来，这分明是在关照世人，切莫辜负这大自然赐予的美好春光啊！

阮公墩

阮元的一生著述甚丰，仕途较为顺利。他做过两广总督、云贵总督，72岁还管理兵部，75岁退休后居住在扬州的私宅中，咏诗作书，编辑各类刊本，并提携后进。道光二十九年（1849），他在86岁高寿时卒于扬州康山私宅。

2018年8月底的一天，经预约之后，摄影家于广明和本书作者坐船登上了阮公墩。一上岛便见刻有"阮墩环碧"景名的太湖石，走几步又见一茅屋，题匾为"雅事长留"，左右对联是"不是春秋亦多佳日；别有天地似非人间"，正堂的山水长卷上有对阮元事略的简介。然后就见大树浓荫，大概为防台风，大树和几间房子都有钢管支撑着。最大的一间屋子是阮元事迹的陈列室，另有一间是近代名人学者对他的评价，其中具代表性的有梁启超、王国维、胡适等人的评价，主要是论及治学功绩方面的，像梁启超就赞他是为广东开启了"一代学风"。阮公墩的妙处是小而静，尤其是在忆芸亭里看风景，那实在是绝佳的，因为水平视角跟西湖的湖面基本持平，看保俶塔尤其是好。还有就是坐在那里闲看手划船一只一只地摇过时，竟然发现船娘的比例还不少，还有的划船者竟然操字正腔圆的京腔。

现在杭州除了阮公墩之外，还有一处景点跟阮元有关，那就是吴山脚下的阮公祠。它是由上城区元宝心60号的重阳庵改建而来的，是典型的清代建筑风格。这也是杭州人对这位"三朝阁老、九省疆臣、一代文宗"的一种纪念吧。

龚自珍：我劝天公重抖擞

龚自珍生于乾隆五十七年（1792）的杭州，200年后，杭州在位于上城区马坡巷16号小米园内建起了一座纪念馆——龚自珍纪念馆，以纪念这位杭州籍的出色思想家和诗人。如果从建筑的角度来说，他的纪念馆并不大，但考虑到马坡巷（旧称马婆巷）里曾有他的旧居，这有他的"马婆巷外立斜阳"一诗为证，所以跟其他一些纪念馆相比，还是颇有点古旧的味道。最近一些年，名人纪念馆越造越新，这就更显示出了那个叫小米园的房子的价值。龚先生的诗，总给人浓郁激愤之感，好像是在黑暗的铁屋中呐喊，如人们最为熟悉也被引用最多的那一首诗：

九州生气恃风雷，万马齐喑究可哀。
我劝天公重抖擞，不拘一格降人材。

传闻龚自珍从小聪慧过人，诗文皆能出口成章，这跟他出身于书香官宦家庭是分不开的，尤其他的母亲是当时大学问家段玉裁的女儿。龚自珍童年时，父亲在京做官，是母亲在杭州教他读书识字。6岁时龚自珍离开杭州，到京城跟父亲一起生活。嘉庆十七年（1812）时，龚父奉旨调任徽州知府，龚自珍随父一同前往徽州。途中，龚自珍去苏州造访了外祖父段玉裁。段老先生见其"所业诗文甚夥，间有治经史之作"，极为欣赏，他认为小龚"风发云逝，有不可一世之概"。这个话肯定有偏爱之情，但确也有独特的眼光。另外也有传闻说，少年时期的龚自珍也受到过外祖父的亲授，所以基础打得相当扎实。段老先生因为欣赏外孙，所以便将次子的女儿段美贞许配给了小龚。这当然是表亲婚姻。时年龚自珍虚岁21岁，正是意气风发的年纪。

正所谓情场得意，考场失意，跟很多极有才华的人却不能在科举考试上出人头地一样，龚自珍的科举之路也满是痛苦的回忆。嘉庆十八年（1813）的乡试，他名落孙山，一直要到嘉庆二十三年（1818），他又应浙江乡试，始中举。接下去的两年，他两次参加会试皆落选，后来他以举人就任内阁中书。在这个过程中，他的妻子不幸病亡，他便又续了弦。一直要到道光九年（1829），龚自珍参加第六次会试，终于考中进士。另有一说他在此年与湖南人魏源双双落榜，此后这两位"考友"遂成好友。此前龚自珍也属于"半官半读"，当时担任的是国史馆校对的职务，是个清闲的职务。趁职务之便，他阅读了内阁丰富的档案和典籍，这为他的学问奠定了更为坚实的基础，包括他后来在藏书和目录学方面的成就，也跟他在这段时期的任职是分不开的。后来他又参加《大清一统志》的修撰，等于是国史编撰官了，但他又不只是从文字到文字，而是要由史论今，发表对时政的看法，由此得罪了不少的朝廷官员，这也是不少读书人会碰到的问题。那个阶段，龚自珍还写出了《西域置行省议》等极有分量的文章。

凭龚自珍的才华，他是理应受到朝廷重用的，之所以没有被重用，原因还是他锋芒太露，说了当政者不想听也不愿听的话。那个时候的清政府，虽然不乏仁人志士的热血和激情，也时不时提出救世良方，但从里到外都差不多要烂透了。龚自珍23岁那年已写成《明良论》，痛斥"士不知耻，为国之大耻"，矛盾直指士大夫阶层，但这实在已经无济于事了。而文人论政，包括科举考试中的纵论国事，也是一种传统。在殿试对策中，龚自珍曾仿效王安石《上仁宗皇帝言事书》，撰写了《御试安边绥远疏》，议论新疆平定准噶尔叛乱后的善后治理，从施政、用人、治水、治边等方面提出了改革主张，"胪举时事，洒洒千余言，直陈无隐，阅卷诸公皆大惊"。当时主持殿试的大学士曹振镛是个有名的"多磕头、少说话"的三朝不倒翁，他以"楷法不中程"为由，不列入优等，将龚自珍置于三甲第十九名，不得入翰林，仍为内阁中书。

这个事情从今天来看，等于是一篇高考作文不入考官的法眼，但其实是涉及有关如何用人的大问题。像龚自珍这样锋芒毕露之才，虽为众人注目，但取不取他、用不用他，却是由朝廷用人的喜好决定的，其遭遇实际

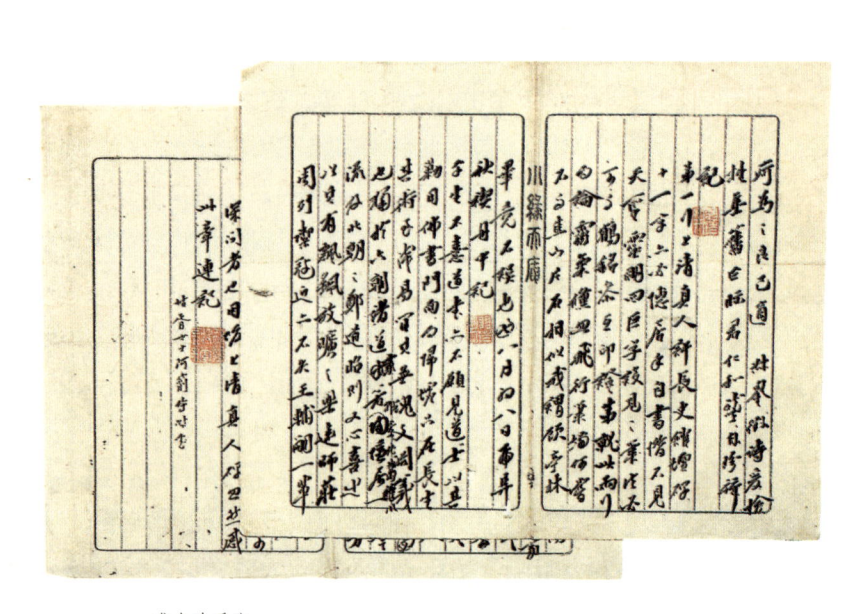

龚自珍手迹

上也是有普遍性的，所以他后来会发出"我劝天公重抖擞，不拘一格降人材"的呼吁。

龚自珍跟林则徐和魏源都是志同道合的朋友，后两人都是中国睁眼看世界的第一批人，且身体力行。龚自珍支持禁烟运动，在林则徐去广东查禁鸦片前夕，写下了《送钦差大臣侯官林公序》，他认为"鸦片烟则食妖也，其人病魂魄，逆昼夜"，他提出"食妖宜绝"，对破坏禁烟者"宜杀一儆百"，而且他还希望通过林则徐的改革，使中国出现"银价平，物力实，人心定"的局面。

龚自珍所处的时代，内忧外患，社会矛盾积重难返。他是力主改革的，但那个时候，他连林则徐这样去禁烟的机会都没有，在书院授课传业期间，更多时间里他只能以诗文抒怀，留下了《龚定盦全集》。梁启超曾经说："晚清思想之解放，自珍确与有功焉。光绪间所谓新学家者，大率人人皆经过崇拜龚氏之一时期。初读《定盦全集》，若受电然。"南社著名诗人柳亚子评价说："三百年来第一流，飞仙剑客古无俦。"可以说龚自珍的诗有承前启后的作用，充满忧国忧民的情怀。相对而言，他的诗启后的意义更大一些，特别是对清末和民国的诗人，包括柳亚子、苏曼殊及鲁迅、郁达夫等都深受他的影响，很多人认为他是清诗第一人。也有不少论者认为清诗其实并不逊色于唐诗，只是人们的审美一直停留在唐诗上面，不敢直面清诗的那种尖锐和沉郁。

除了诗歌之外，龚自珍的散文也极有成就。他的散文不仅突破了明小品文的格局，而且跟当时极为盛行的桐城派散文不一样，他的散文更接地气，更为大胆，但同时又巧用立意，善用曲笔，在揭露时弊、经邦济世方面独树一帜。其中最为著名的、曾一度列入中学课本的就是《病梅馆记》，作者一上来就列出江南三大赏梅胜地，并指世人对梅的见解：

> 江宁之龙蟠，苏州之邓尉，杭州之西溪，皆产梅。或曰："梅以曲为美，直则无姿；以欹为美，正则无景；以疏为美，密则无态。"

然后龚自珍指出这其实是一种普遍现象：

> 有以文人画士孤癖之隐明告鬻梅者，斫其正，养其旁条，删其密，夭其稚枝，锄其直，遏其生气，以求重价，而江浙之梅皆病。文人画士之祸之烈至此哉！

以梅喻人，以病梅喻病世，喻世间的用人观，宁曲不直，宁疏不密，以病为美，不要生机。我们从此文对龚自珍的文风可知一二。不过龚自珍吟梅颂花也不只是这样一种视角，他的名句"落红不是无情物，化作春泥更护花"似乎更为脍炙人口。

龚自珍纪念馆内景

道光十九年（1839），即鸦片战争爆发前一年，龚自珍辞官回杭。当时他是只身返乡，后来才把家眷接回来。传闻他后来都不愿亲自返京，可见他对京城的厌恶，或许也还有不能明说的缘由。

辞官后的龚自珍以教职谋生，道光二十一年（1841）起，龚自珍执教于江苏丹阳的云阳书院。三月，父亲龚丽正去世，龚自珍又兼任了原由其父主持的杭州紫阳书院讲席。夏末，他曾写信给江苏巡抚梁章钜，准备辞去教职，但当年9月26日，时年50岁的他在酒后突患急病，暴卒于丹阳。他的去世颇为蹊跷，为后世留下了谜团，自然也有不少版本的传闻和演绎。据传在他随身的行囊中藏有一小束枯萎的丁香花和一位女人的自画像，于是这一桩疑案便也被称为"丁香花公案"。

不过作为杭州人，更多被人谈起的还是龚自珍在杭州凤凰山麓的一段感情，这有他的"小楼青对凤皇山，山影低徊黛影间。今日当窗一奁镜，空王来证鬓丝斑"等诗为证。这是属于悼怀诗一类的，悼怀的是一位叫云英的姑娘。其还写有这样的诗句："云英未嫁损华年，心绪曾凭阿母传。偿得三生幽怨否？许侬亲对玉棺眠。"

俞曲园：花落春仍在

杭州孤山西泠桥东侧，后孤山路 31 号，有一座掩映在树木浓荫里的小楼，这就是著名的俞楼。作为旅游景点，俞楼无甚特别之处；而作为一处人文的风景，走进俞楼便会让人顿生敬仰之心。因为一百五十年前，一位国学大师在此讲学，前后有三十多年的时间，他培养的学生可以说是桃李芬芳满天下，这位大师就是大名鼎鼎的俞樾先生。俞樾（1821—1907），字荫甫，号曲园，人称曲园先生，"曲园"取自老子的"曲则全"。

曲园先生出生于浙江省德清县城关乡南埭村，其父俞鸿渐在京任职。俞樾 4 岁后，母亲带他和哥哥到今天的杭州临平读书。俞少有才华，17 岁即中乡试副榜，24 岁时中举人，道光三十年（1850），在他 30 岁时中进士第十九名。而在此前礼部的复试中，他的表现可以说是一"诗"惊人，获得了第一名。这年复试的诗题为"淡烟疏雨落花天"，俞樾作诗，首句即不凡："花落春仍在"，此句深得主考官曾国藩赏识，曾赞："此与'将飞更作回风舞，已落犹成半面妆'（宋祁诗）相似，他日所至，未可量也。"在应试诗中，俞樾既显诗意，又弘扬清廷坚守家国的主旋律，其名次遂被移列第一。后来俞曲园的作品名称也是"春在堂"，说明他对"花落春仍在"

这一诗句非常在意，几乎影响了他的一生。很多人一生写诗万千首，但最终为人记住的也就一两首或一两句。

俞曲园由此入翰林院并授庶居士，32岁被授予编修，35岁时充国史馆协修，同年任河南学政，虽然官不算大，但也还算是顺顺当当。可谁知他在37岁却遇到了人生的一大坎。所谓成也试题，败也试题，也就在河南任职期间，因他规矩过严，招人怨恨，便被以"出题试士，割裂经文"为由而弹劾。从此，俞樾便削职归田，告别仕途，一心钻研学问。此后大半生便以讲学为生，著书立说，培育学生。由此，官场少了一个官员，学界多了一位大师。这实际上也是他有底子和底气的表现，用江湖的说法是此处不留爷，自有留爷处，不当官还可以做学问。多数人是学而优则仕，但他不仕而专攻学，走的是另一条路。

俞曲园于45岁时在苏州的紫阳书院任讲席，由此开启了他对苏杭生活方式的热爱。三年之后，他应浙江巡抚的邀请到杭州讲学，任诂经精舍的山长。此前说过诂经精舍是由阮元在浙江巡抚任上创立的。杭州的书院自南宋以来就很风盛，历经元朝和明朝，到清代时书院就有敷文书院、紫阳书院、崇文书院、东坡讲舍、诂经精舍等几所著名的书院，俞曲园一到诂经精舍，便让精舍更加知名了。

诂经精舍背靠孤山，面朝西湖，是风景和人文双修之地。阮元创办，俞曲园接棒，使得这一处精舍更是人才辈出。咸丰十年（1860）太平军攻克杭州，因战火所致，诂经精舍这一处读书人的天地便也成为废墟，包括不远处的文澜阁。阮元创建精舍时曾建房50间，后来又在两边建造第一楼。太平天国运动结束之后，原来精舍的学生丁丙等出资又重建了房子，俞曲园先生从此在精舍主持30余年，可以说把他一生中最主要也最好的年华都用在了这里。而今天我们所说的俞楼，初建于1877年，是他的好友及儿女亲家彭玉麟及徐花农等弟子为他而建的。当时俞先生的家眷还住在苏州，这俞楼等于是众亲友为他而建的家属房。一开始俞先生坚拒不住，后来还是无法违拗弟子的美意，只得将此作为在杭州讲学著述的住所，他也总算不住"集体宿舍"了。俞先生有个癖好，也是古代文人的癖好，凡有大事喜自撰对联志之，当时他就作了这么一副对联：

合名臣名士为我筑楼，不待五百年后，此楼成矣；
傍山南山北沿堤选胜，恰在六一泉侧，其胜何如。

俞曲园先生在经学、史学、诸子学、文字学以及音韵、训诂、文学和书法等方面都有极深的造诣，可以说是一代通才大家。30余年间，他教过的门生有3000余人，其中最为著名的就有章太炎、陆润祥、徐花农、黄百新等。后来俞先生的名声不仅在江南传播，在海外也极有影响了，于是日本也派了一批留学生到此学习受教，其中后来较为有名的就有竹添进一郎等。

俞先生在精舍讲学著述时，曾有不少跟他交往过的官员都想推荐他出来做官，但都被他拒绝了。他曾自撰一副对联以表其志：

读书养气十年足；
扫地焚香一事无。

而在54岁时，他在他的春在堂府上还撰过这样一副对联：

生无补乎时，死无关乎数，辛辛苦苦，著二百五十余卷书，流播四方，是亦足矣；

仰不愧于天，俯不怍于人，浩浩荡荡，数半生三十多年事，放怀一笑，吾其归欤。

俞曲园先生是大儒，但又不是那种死读书的学究，学术之外，他的生活也丰富多彩，包括情感生活。传闻他喜欢美食，楼外楼就在隔壁，据说连这个店名都是他取的。在他的《曲园日记》中也有"留之小饮，买楼外楼醋鱼佐酒"的记载。

俞曲园居杭州30余年，留下了不少的佳作和佳话。比如著名的九溪十八涧，不知有多少人诵咏过，但都要逊色于他的诗作，唯有曲园先生的文字，成了经典，特别是"重重叠叠山，曲曲环环路；东东丁丁泉，高高下下树"数语，既绘声，又传神，堪称千古绝笔，我甚至以为九溪有这四句才方成九溪。

另外一段佳话是关于冷泉亭的。有一次俞曲园和家人游至亭下，见亭上有董其昌撰的一联："泉自几时冷

九溪十八涧

起?峰从何处飞来?"其妻说此联问得有趣,何以作答?俞应声而答:"泉自有时冷起;峰从无处飞来。"妻子说不如"泉自冷时冷起;峰从飞处飞来"。俞连声说好。后次女俞绣孙也不甘落后,笑着对道:"泉自禹时冷起;峰从项处飞来。"俞惊问:"'项'字何谓?"绣孙答道:"项羽若不将此山拔起,峰安得飞来?"

俞樾和家人给董其昌的对联撰诗,一时成为佳话,同时也说明了这样一个现象,即俞曲园的家风诗教很好,可以说全家都是出口成章的诗人。不过在现实生活中,俞曲园的生活也颇为多难和痛苦,他的两个儿子一死一废,皆走在他前面,后来姚夫人又亡,他的女婿和长兄也相继病故,还有他心爱的小女也病故,这些都对俞曲园造成了致命的打击,为此他写下了极为悲伤的诗:

老夫何罪又何辜,总坐虚名误此躯。
泡梦电云十年内,寡鳏孤独一家俱。
自知住世应非久,竟不忘情亦大愚。
转为痴儿长太息,从今谁与奉盘盂。

在悲苦的生活中,光绪二十五年(1898)曾孙俞平伯的出生,又给了老先生希望,他对这个小孩非常疼爱,不仅亲自教他诗书,而且还以诗表达他的喜爱之情:

娇小曾孙爱如珍,怜他涂抹未停匀。
晨窗日日磨丹砚,描纸亲书上大人。

俞平伯后来成了著名的作家、红学家。俞平伯写过不少关于杭州的文字,包括他居于俞楼看到雷峰塔倒掉的情形,那都是极为珍贵的记录。今天人们总喜欢讲中国富不过三代的"规律",但其实文要过三代也是极难的事情,当然苏东坡他们家是个例外,这说明学问和才气是几乎不可遗传的，基因中的一点小聪明是成不了大气候的。文有传承就如百年老字号一样，也是一件极有价值的事情，试想俞曲园如果没有俞平伯这个曾孙，那在传播效应上就会逊色不少。

俞曲园桃李满天下，这是不争的事实，而其中最为著名的当属章太炎先生。章太炎22岁投到俞老的门下，29岁离开，他几乎相当于是"本硕博"连读了，其国学底子可谓是在诂经精舍打下的基础。但章太炎后来走上了革命革新的路子，不再是躲在书斋里做学问了，而且离传统经学是渐行渐远，这让老先生看不下去了，所以当章太炎回来看望老师时，俞曲园便把他轰了出去，他说："讼言革命是不忠，远去父母之邦是不孝，不忠不孝，非人类也，小子鸣鼓而攻之可也。"老先生是学孔夫子的套路，但他没有想到，这个学生也不是个好惹的家伙，针对老师的批评，章太炎搞起了反批评，他写了一篇文章，这文章的题目很有意思，就叫《谢本师》，刊于1906年

俞樾与曾孙俞平伯

第9号《民报》，章太炎一开头就说："余十六七岁始治经术，稍长，事德清俞先生，言稽古之学，未尝问文辞诗赋。先生为人岂弟，不好声色，而余喜独行赴渊之士。出入八年，相得也。"后来他反驳老师的言论："盖先生与人交，辞气陵厉，未有如此甚者！先生既治经，又素博览，戎狄豺狼之说，岂其未喻，而以唇舌卫捍之？将以尝仕索虏，食其禀禄耶？昔戴君与全绍衣并污伪命，先生亦授职为伪编修。非有土子民之吏，不为谋主，与全、戴同。何恩于虏，而恳恳蔽遮其恶？"最后一句，大意是说：清廷对你有何恩惠可言，要让你如此替它遮掩其丑恶？

这句话是问得很好的，要知道太炎先生出言一直是很犀利的，但没想到若干年之后，他的门生周作人也写了一篇《谢本师》，刊于1926年8月第94期《语丝》上，亦属于绝交书的性质，看来这种做法也是一脉相承的。

光绪三十二年十二月二十三日（1907年2月5日），俞曲园去世，葬于西湖三台山的右台山（法相寺旁）。这位可爱的老人，生前就已经自撰数副挽联，其中最为称道的一联是：

且喜故乡无百里；
敢期此后有千秋。

俞曲园的著作汇辑成了《春在堂全书》，共490卷。是啊，冬去春又来，花落春仍在，这便是人间。

林启：讲求实学第一义

林启（1839—1900），字迪臣，侯官（今福建福州）人，清代纺织教育家。生于福建侯官的林启，本来跟浙江和杭州没有半点关系，但姓林的福建人有时也偏要跟杭州发生点关系。比如他的侯官老乡、那个以禁烟著称的林则徐，在做杭嘉湖道台的时候，曾经到杭州来视察教育，具体是看了敷文、崇文和紫阳三所书院，且亲书"是故君子，诚之为贵；夫惟大雅，卓尔不群"的楹帖相赠，这个话在今天仍是极好的训导。前辈如此关心教育，林启自然视作榜样，尤其是林则徐先生在浙江沿海督防之时提出的"苟利国家生死以，岂因祸福避趋之"的肺腑之言，不仅影响了林启，也影响了一代又一代有抱负的中国官员。虽然前辈多以悲剧告终，但心中理想从不泯灭，尤其是甲午海战的惨败，让有识之士重新思考中国如何强大起来的问题。

历史不可假设，但还是允许想象的，想象一个叫林启的福建人，如果当年不乱提意见，特别是向慈禧太后为代表的权贵提意见，那他可能不会翻山越岭到浙江衢州来做官。衢州之"衢"，虽有四通八达的道路之意，但实际上衢州在一百多年前是闭塞偏僻之地。林启在那里证明了自己是一名好官，他在衢州做了几件大事：一是整顿谷仓，备战备荒；二是劝人种桑植棉，身先士卒，自己先捐出积蓄1000银元助购桑苗，还发动妻子和儿媳养蚕示范；三是整顿当地的书院，规定学生可以住院读书，同时还设义塾12所，供贫寒学子读书；四是惩治不法分子。正因为他在衢州口碑甚佳，于是三年之后又调到杭州任知府，虽然是平级调动，但谁都知道杭州是个好地方，且是省府所在地。虽然那时的杭州知府不一定享受副省级待遇，但比起衢州来，杭州毕竟更有用武之地。林启在杭州又一次证明了自己是个好官。据传，他在杭州甚至允许百姓可以拦官轿告状，还亲自接见平民来访，并且消除私设的苛捐杂税，还将相关禁令刻在石碑上，林纾在《林迪臣太守孤山补梅记》中说"先生治杭得其政，养士得其教，为匹夫匹妇存其利"，还说"守杭三年，政平人和"。说得多好啊，政平人和，这其实是为官的最高政绩了。

但是林启最大的贡献，还不在这一些，他最大的贡献是在杭州办了三所学校：第一所是求是书院，后改名为浙江大学堂，就是浙江大学的前身。第二所是蚕学馆，即后来的蚕桑学校，办在西湖边的金沙港村，史量才就是这个学校毕业的。林启在衢州为官时就极力推动蚕桑事业，他觉得要教人以养蚕，莫如办培训班。这所蚕学馆就是浙江丝绸工学院（今浙江理工大学）的前身。第三所就是养正书塾，是杭州第四中学的前身，也是杭州高级中学的前身之一。所以概括起来看，林启为杭州也为浙江办了三所不同类型的现代学校：求是书院开了杭州高等教育之先河，蚕学馆等于是职业技术学校的发端，而养正书塾就已经具有现代中学的雏形了。就凭办这三所学校，林启就应该大书特书。

求是书院办在杭州的蒲场巷，今大学路浙江图书馆红楼附近。当时那个地方有个寺庙叫普慈寺，但寺庙的

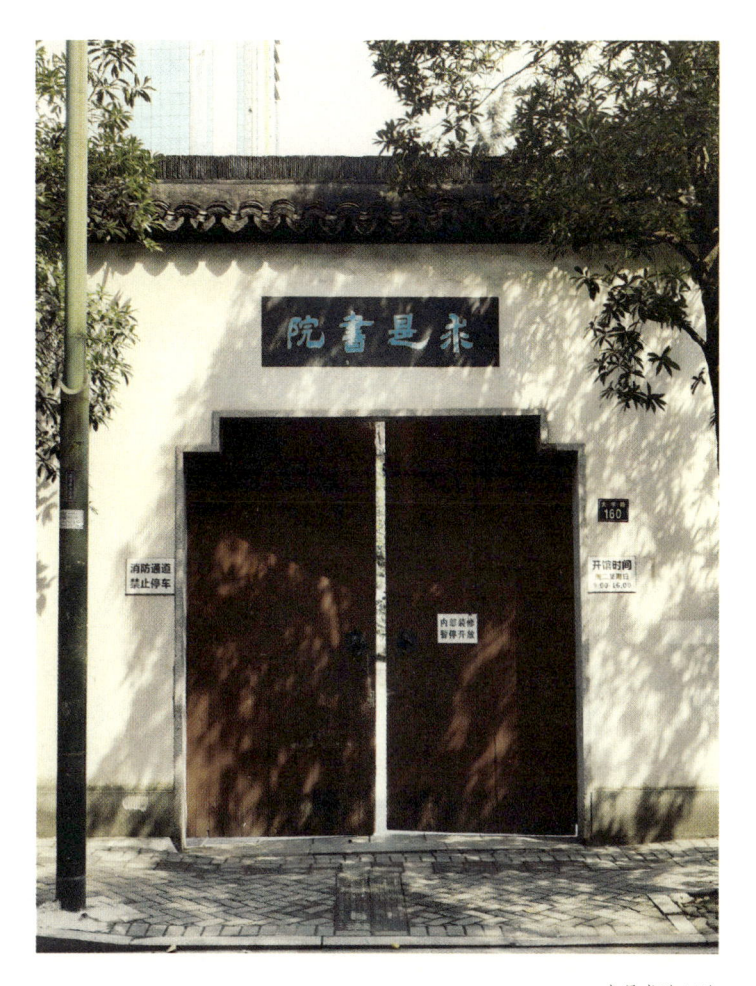

求是书院旧址

住持不守清规，就被驱逐了出去，最后连寺庙都被官府没收了。至于说这个住持到底犯了什么罪，资料上都是语焉不详，但是有一点可以肯定，这个寺庙就被官府拿来当作办求是书院的场所了。当时作为知府的林启实际上还没这么大的权力，是浙江巡抚廖寿丰在支持他，任命他为书院的总办。而"求是"二字从语义上看跟今天也没有多少变化，最初它的全称叫"求是中西书院"，"中西"二字才是区别于其他书院的所在。当时传统的书院早就有了，教会办的也已经有了育英书院，而求是书院等于是要走中西并重的路子。"居今日而图治，以培养人材为第一义。居今日而育材，以讲求实学为第一义。"这既是"求是"二字的来由，也是书院的办学方针。书院开设了数学、物理、化学、史地、博物、音乐、英语、日语等现代课程，购置了教学仪器和图书。林启还聘请外国人为正教习，教授各种西学，华人为副教习，一授西文，一授算学。学生是由地方绅士保送的20岁以内的举贡生监，经总办复试、询问，选择行为笃实、文理优长、平时究心时务而无其他不良嗜好习气的。当时的学制是5年制，且要求学生要泛览经史以及中外报纸，勤者奖，惰者罚，不能教育的除名。另外，书院还选翻译3人，译述各种有用之书。

林启当时亲任总办，虽是兼任，但事必躬亲，特别是命题、阅卷这样的大事，他都亲力亲为。第一届招生考试中，章太炎考取了第一名（后未就读），可以试想这些生源的素质。当时书院已请美国人王令赓教化学与英文。这个王令赓是个有名的传教士，曾在杭州创办育英书院，所以可以说当时是用了杭州最好的师资。光绪二十四年（1898），书院就派了诸暨人何燮侯等4名学生赴日留学。何燮侯是中国近现代第一批赴日留学者。他在辛亥革命胜利后担任北京大学校长，在任期间，京师大学堂跨越到了北京大学。民国三年（1914）何辞职，由另一个浙江人胡仁源接任，后面才是蔡元培和蒋梦麟陆续接棒，可以说浙江人连任了北大的校长，再后来还有个马寅初，因此人们所说的北大有个浙江村，民国有个绍兴帮，是不无道理的。浙江人办学校还是有一套的，包括浙大的掌门人竺可桢、复旦的掌门人陈望道等。

求是书院在光绪二十八年（1902）改为浙江大学堂，民国十六年（1927）改为国立第三中山大学，当时实行的是大学学制，第二年遂更名为国立浙江大学。

光绪二十五年（1899），林启还在杭州直大方伯创办了养正书塾，这个套路跟办求是书院基本相似，用地也属寺庙，叫圆通寺，亦是有不法活动，亦是被查封。那时梅滕更为办广济医院也看中了这块地皮，但是林启没有将地卖给这个对杭州也是做了好事的人。养正书塾，名字听起来是比较传统，但实际上是一所新式的中等学校，之所以取名书塾，是当时朝廷中有人抵制新式教育，所以只能旧瓶装新酒。林启的新酒有哪些呢？除了国文、小学、经学、修身、算术、历史、地理（主讲《水经注》）外，后来又新添了物理、体操、英文、音乐等。光绪二十七年（1901），养正书塾改名为杭州府中学堂。辛亥革命后，一般校名中带"堂"的都直接改为"学"或"校"。也正是在林启办学新风的引领下，那几年杭州的民间办学颇有成效。光绪二十八年（1902），杭州诞生了第一所私立中学——安定学堂，不久之后又改宗文义塾为宗文中学，同时教会学校也在杭州兴起。

而林启办蚕学馆，更是前无古人。此馆"为各省开风气之先，为国家裕无穷之帑"。此馆他也兼总办，且

浙江蚕业学校（前身为蚕学馆）

聘请曾经留法学习筛种的江生金为总教习，请日本和德国专家任教习，设置的课程有理化、动植物、蚕体生理、蚕体病理、蚕体解剖、气象、土壤、饲育、植桑、缫丝、采种等。一开始招来的学生以蚕区的举贡生童为主，前三届的毕业生中籍贯遍布全国18个省，可见这就像播种机一样，对发展蚕桑事业起到了举足轻重的作用。

遗憾的是，林启在光绪二十六年（1900）就离开了人世。如果再给他三到五年时间，或许这些学校会发展得更好更快，可以说是林启顺应了时代，也是时代选择了林启。

再来看看国内一些著名高校的校庆纪念日，北京大

林启塑像

学创办于 1898 年，清华大学创办于 1911 年，复旦大学创办于 1905 年，南开大学创办于 1904 年，南京大学创办于 1902 年，而浙江大学即求是书院创办于 1897 年。

由此可以得出一个基本结论，大约都是在清末民初，中国的现代教育破茧成蝶正欲起飞，这是一种时代的潮流，而林启正好顺应了这股潮流。他为官一任，做了很多有益于民的事情，但更为重要的是，他是清末那批官员中头脑极为清醒之人。而且我们应该看到，当时的"顶层设计"也已经涉及教育改革的领域，虽然阻力颇大，林启办起养正书塾，取书塾之名，让保守派以为还是老一套的学堂，其实是新式教育，这是林启最为了不起的地方。是的，做个清官廉官很了不起，包括减租赈民，但是能开启民智，教育救国，这更是了不起。他知道他的谏言朝廷是不会听的，以前不会听，现在不会听，将来可能也不会听，不仅不会听，还会打击报复。那怎么证明自己？怎么证明中国是可以强大起来的？只有办教育，只有教化于民。

传闻林启在杭州期间，非常仰慕另一位姓林的高士，他就是隐居孤山且长眠于此的林和靖。林启曾在孤山补植百余棵梅树，并作诗云："为我名山留一席，看人宦海渡云帆。"这说明他对孤山也有特别的感情。

林启去世后，他的家人要把他的遗体运回家乡福建安葬，杭州的百姓则要求把他安葬在西湖旁，双方好像也都有道理，也都是出于对林启的爱。最后，就是因为林启生前有"为我名山留一席，看人宦海渡云帆"的诗句，林家子孙才同意把林启安葬在孤山北麓。当时林启墓的墓门做成了石牌坊，牌坊石柱上有一著名的对联：

树人百年，树木十年，树谷一年，两浙无两；

处士千古,少尉千古,太守千古,孤山不孤。

横额为:古之遗爱。

墓旁设有林社,供奉着林启的塑像。林社抗战中被毁,后重建,现为林启纪念馆,馆内有一副挽联这样写道:

教育及蚕桑,三载贤劳裹太守;
追随有梅鹤,一龛香火共孤山。

章太炎：先哲精神，后者楷模

在京杭大运河的南端，杭州余杭仓前的余杭塘河河畔，矗立着一座古色古香的建筑。该建筑坐北朝南，共四进一弄，由轿厅、正厅、内堂、书房、避弄等组成，为晚清时期建筑，这就是章太炎先生的故居。先生在此出生，并度过了22个春秋。

章太炎是中国近代民主主义革命家、思想家和国学大师。

同治七年十一月三十日（1869年1月12日），章太炎出生在余杭仓前，当时这里叫东乡。章太炎初名学乘，字枚叔，后改名绛，学名炳麟，太炎是他的号。为什么有这个号呢？因为他青年时代反清意识浓厚，仰慕思想家顾绛（顾炎武）的为人行事而改名为绛，号太炎，因此世人常称之为"太炎先生"。他是鲁迅先生在日本时的老师，当年鲁迅和周作人、许寿裳、钱家治、朱希祖都曾拜在章太炎的门下。鲁迅曾经在民国二十五年（1936）太炎先生逝世后写过一篇《关于太炎先生二三事》的文章，对太炎先生有着非常中肯的评价，指出了他的两个重要身份：一是革命家；一是学者。写作此文时鲁迅先生已经病重在身，写完这篇文章十天之后即离开了人世。

说章太炎是革命家，因为太炎先生所处的时代风雨如晦，整个中国都处于黎明前的黑暗之中，有识之士都在求索救国救民的道路。章太炎在政治上的主要主张即是反清。光绪二十年（1894）中日甲午战争开始后，章太炎曾为强学会捐款，后又到上海任《时务报》撰述。光绪二十四年（1898）春，曾应张之洞之邀赴武汉办报。戊戌变法失败后，章太炎遭通缉，避居台湾，任《台湾日日新报》记者。光绪二十五年（1899）夏，东渡日本，后返回上海参与《亚东时报》编务工作。此时章太炎的政治观点日趋鲜明，他在苏州出版了《訄书》的第一版（木刻本）。光绪二十六年（1900）义和团事件发生后，晚清趋新的士大夫严复、汪康年、唐才常等在上海组织"中国议会"以挽救时局，章太炎应邀参加。光绪三十二年（1906）赴日本参加同盟会，主编《民报》，主持《民报》与《新民丛报》的论战。其间，章太炎主张"以国粹激励种性""以宗教发起热情"，同时又以佛理说革命，主张"革命之道德"。他撰有《中华民国解》，为"中华民国"国号的创始者。

说太炎先生是个学者，那也是名副其实的。章太炎从小受到了很好的私塾教育，尤其是受其祖父和外祖父的影响，由此奠定了他一生学养和对中国、对世界的基本看法。22岁时他进入杭州诂经精舍，师从俞樾等名师，早年关注经、子之学，初步确立了对"今、古文"界线的认识，那个时期即著有《膏兰室札记》《春秋左传读》等。对于太炎先生的盛名，著名记者和学者曹聚仁先生在《章太炎先生》一文中曾经描述过这样一个场景：

> 钱江轮船的篷舱里，两位乘客在那里谈论章太炎。甲说："章太炎的学问真好，四书五经无所不通。我们余杭出章太炎，就好比你们金华出宋濂。"乙说："章太炎的文章才算好，唐朝韩文公，宋朝苏东坡，

民国章太炎，文起八代之衰！"甲说："人家都说他和梁启超一样的好。"

曹聚仁描述这个场景和对话，实际上是想说明一种情况，即普通民众只知道章太炎是大家，但实在是不知道他的学问好、文章好到底好在哪里，所以总是拿几个知道的大家来类比。殊不知苏东坡和梁启超根本不入章太炎的法眼，拿章跟他们比，如果太炎先生知道了，那他又不知该当何想。

太炎先生有一个外号，叫作"章疯子"，不过这并

章太炎发表于《民报》的《排满平议》（局部）

非贬义，而是指他言行十分大胆，乃至"狂妄"。曹聚仁说清光绪末年，梁启超等人奉康有为为教主，在上海宣传《公羊》义法，说是"不出十年，必有符命"。太炎先生嗤之以鼻，曰："康有为什么东西！配做少正卯、吕惠卿吗？狂言呓语，不过李卓吾那一类货色！"因此康氏徒党对他恨之入骨。不过两湖总督张之洞慕先生之名，由钱恂介入幕府。时梁鼎芬为西湖书院山长，一日，询章先生："听说康祖诒（有为）欲做皇帝，真的吗？"太炎先生说："我只听说他想做教主，没听说想做皇帝。其实人有帝王思想，也是常事；只是想做教主，未免想入非非！"

因为反对袁世凯称帝，章太炎于民国三年（1914）被禁于北平龙泉寺，他写于五月二十三日的家书，满纸牢愁，不堪卒读。中有句云："吾死以后，中夏文化亦亡矣！"这话在当时也是疯语，但在今天看来却也颇有远见，胡适则在《五十年来中国之文学》（完成于1922年）中说："章炳麟的古文学是五十年来的第一作家，这是无可疑的。但他的成绩只够替古文学做一个很光荣的下场，仍旧不能救古文学的必死之症，仍旧不能做到那'取千年朽蠹之余，反之正则'的盛业。"胡适当时所在的北京大学，有名的教授大多出自于章太炎的门下，如黄侃、朱希祖、钱玄同、周作人、鲁迅、沈兼士等。其实前面提到的曹聚仁也是章太炎的弟子，这说来还有一段缘由呢。

话说当年的上海滩也有各类大师名人的演讲，一般的大咖演讲者只是匆匆来去，比如说像那些国际名人，如罗素、杜威、泰戈尔到中国来，那演讲肯定是规定动作之一，但章先生的演讲，那等于是上央视的《百家讲坛》，每周都有一场，一开始章粉们可是奔走相告。章先生讲什么呢？讲的就是国学，而且是从基础讲起的，可以称之为"国学概论"。第一场大家都慕名前去，一个江苏职业教育社的场子里挤进去的听众多达一千多人，那可是盛况空前啊；等到第二场演讲，听者骤减至不足百人；再后来，减至三十人。这是为什么呢？是章先生讲得不好还是其他什么原因呢？原因就是他讲的内容实在太高深了，虽然他努力地想讲得通俗易懂，也还是等于在给博士生上课，但听者只有小学生的水平，第一次来听是图个新鲜，后面实在是如听天书。还有章先生的余杭话好像也满是古音，加上引用的都是古字古句，难以听懂，所以人家不跑掉才怪呢。那时没有视频，又不能播放 PPT 文件。这也正如我们今天跑到章太炎故居去，看到他老人家三个女儿的名字，生僻得只能让人沉默。长女章㸚（lǐ），二女章叕（zhuó），三女章㠭（zhǎn），今天中文系毕业的人都几乎没有一个读得出音来的，除了知道"章"字之外。后来听说因此没有人敢给他的女儿提亲，章太炎先生就着急了，专门为此召开了记者会，告诉人们女儿名字的读音。

另外我们今天讲曹聚仁是章太炎的弟子，原因是章先生当年的演讲，一开始没有人能吃得消做笔记，记录者不是学养不够，就是听不懂章先生的余杭话，最后还是这位毕业于浙江一师的兰溪人能八九不离十地记下了章先生的讲话。据说章先生自己审定之后还较为满意，这是很不容易的。

当然章先生的诸多观念，也绝不是跟着时俗走的，比如说五四运动之后便提倡白话文，诗歌也提倡白话诗了，但章先生却不这么认为，他说："凡称之为诗，都要有韵，有韵方能传达情感。现在白话诗不用韵，即使也有美感，只应归入散文，不必算诗。日本和尚娶妻食肉，我曾说他们可称居士等等，何必称作和尚呢？"

我们知道在五四运动时期兴起的白话文运动之中，有一位北大教授，名字叫刘半农，就是写出《教我如何不想她》这一著名诗篇的人。他当时说："文言文是死的文字，什么人再写文言文，就是死人；白话文是活的文字，凡是写白话文的，就是活人。"有一次刘半农去采访章太炎时，就问其对白话文的见解，章太炎说："白话文不自今日始，我国的《毛诗》就是白话诗。历代以来，有白话文的小说，都是以当时的言语写出来的，写得最好的是《水浒》《老残游记》等，甚至有用苏州话写的《海上花列传》。但是你们写的白话文，是根据什么言语做标准？"刘半农侃侃而谈说："白话文是以国语为标准，国语即是北京话。"

章太炎听了哈哈大笑，问刘半农："你知不知道北京话是什么话？"刘半农不假思索地说："是明清以来，京城里人所说的话。"章太炎就以质问的口吻问刘半农："明朝的话你有什么考据？"刘半农呆着，无词以对。章师就用明朝的音韵，背诵了十几句文天祥的《正气歌》，其发音与北京话完全不同，接着就说："现在的国语，严格地说来，含有十分之几是满洲人的音韵，好多字音都不是汉人所有。"这番话说出，刘半农更呆住了好久，说不出一句话来应付。

章太炎又说："如果汉人要用汉音，我也可以背诵一段汉代音韵的文字。"说完他就背了两首汉诗，许多字的音韵都与现代不同。他又问："你知不知道现在还有人用汉代音韵或唐代音韵来讲话的？"这时，刘半农已听得呆若木鸡，这一问他倒振作起来，便说："现在哪里有人用汉音来说话？"他说得好像振振有词的模样。

章太炎说："现在的高丽话，主要语是汉音，加上了唐朝的唐音、朝鲜的土话和外来话，即是今日的高丽话。"接着他说:"还有日本话,主要的中国字,称为汉字,即是汉音,其余的连缀词,日本各地的土音,又加上了近代各国外来语,就成为现在的日本话。日本人的发音,各处不同,以东京为正宗,汉音也最准。各道各县的发音,连东京人也听不懂,这是你刘半农先生不研究'小学',不研究'音训',不曾研究过《说文》,所以你听了我的话,可能会觉得很奇怪。"刘半农面有赧色,无言以对。

章太炎又说:"我知道你曾经在北方的报纸上,征求过'国骂'的字句及各地方骂人的话,第二天早上,就有人到你学校中,在课堂上讲出许多骂你老母的地方话。所以后来你就不敢再做这件工作,现在我来骂几句给你听。"接着他就说汉代的骂人话,又说了唐朝骂人的话,直说到上海人、宁波人及广东人的骂人话……这表面看好像是在给刘半农提供材料,事实上把刘半农祖宗三代都骂到了……由此看,章太炎先生实在是一位学问很大但又很好玩、很有趣的大先生。

章太炎先生曾与蔡元培等合作发起光复会,主编同盟会机关报《民报》,任孙中山总统府枢密顾问,等等。曾有人问章太炎:"先生的学问是经学第一,还是史学第一?"他答道:"实不相瞒,我是医学第一。"

章太炎也是最早刊登征婚启事的名人之一,他早年丧妻,人到中年又想续弦,当时有人问他择偶的标准,他说:"人之娶妻当饭吃,我之娶妻当药用。两湖人甚佳,安徽人次之,最不适合者为北方女子。广东女子言语不通,如外国人,那是最不敢当的。"后经过蔡元培介绍,民国二年(1913)6月其与浙江女子汤国黎(一名汤国梨)女士结为夫妇,时年章先生已经45岁。婚礼当天,他穿的皮鞋竟然左右颠倒的,章先生一时大窘。汤国黎女士后来成为章先生的贤内助,他的著作不少都是经汤女士

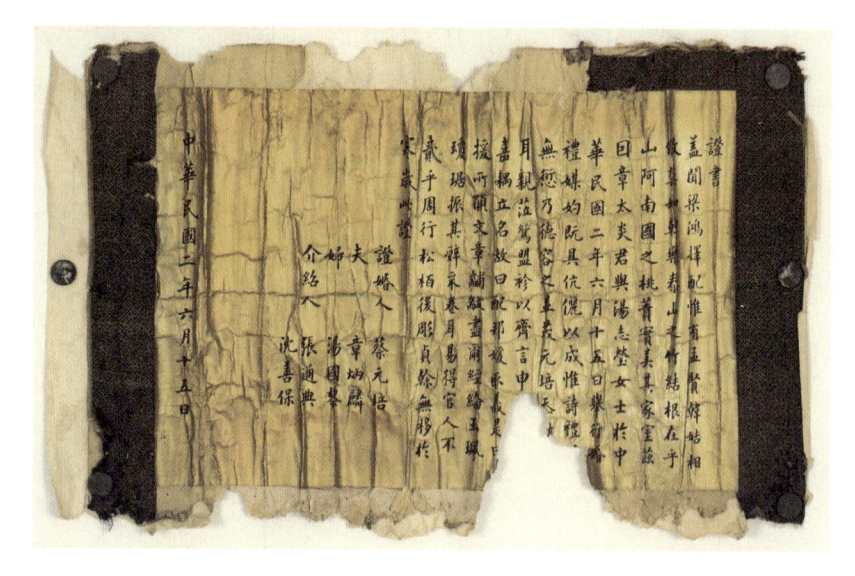

章太炎与汤国黎的婚书

之手出版的。传闻汤虽为浙人,却能懂湖北话,这也符合章先生"两湖人甚佳"的观点。由此看太炎先生的娶妻观,似乎颇重视日常沟通的方便,这也能反映他说话可能古音颇多,方言颇重。

今天的杭州,除了他老家的故居之外,在杭州南屏山北麓还建有太炎先生纪念馆,占地1900平方米,建筑面积870平方米,1988年落成。纪念馆设有生平事迹陈列室、真迹陈列室、学术成就陈列室,拥有1000余件文物和2000幅资料照片,其中以海内孤本邹容的《革命军》及章太炎《訄书》《膏兰室札记》等手稿和书法真迹最为珍贵,大多为章氏后人捐赠。此馆为中国收藏章太炎先生文物最为丰富的场所。纪念馆后是章太炎墓,墓圆顶,为混凝土结构。墓碑上"章太炎之墓"几个篆字系他本人生前亲书。章太炎于民国二十五年(1936)6月病逝于苏州,灵柩因抗日战争爆发,不得不暂时厝于旧居后园,1956年4月迁葬于此,今墓为1981年重修。

上海人民出版社编和出版的《章太炎全集》，已于 2017 年全部出版。在充分吸收前人研究成果的基础上，本着求真求全的原则，全集广泛汇录包括章太炎学术专著、文集、信函、演讲、译文等在内的现存全部著述，涵盖经学、史学、音韵学、训诂学、医学、佛学、西学等诸多领域，共 20 册。学者认为，《章太炎全集》的出版，不但会推动学术界对章太炎和中国近现代史的研究，

太炎先生纪念馆

也将为中华文化的当代传承与发展提供新的思路。

鲁迅先生在民国二十五年（1936）临终时回忆其师章太炎："考其生平，以大勋章作扇坠，临总统府之门，大诟袁世凯包藏祸心者，并世无第二人；七被追捕，三入牢狱，而革命之志终不屈挠者，并世亦无第二人：这才是先哲的精神，后生的楷模。"鲁迅先生的这个评价，基本奠定了1949年以来评价与研究章太炎的主调。

第四辑

山高水长

严光：先生之风，山高水长

桐庐的严子陵钓台位于富春江边，绝对的幽静之处，白天会有游客来观景拍照，一到晚上可真是万籁俱寂。这种寂不仅仅是听觉和视觉上的寂，更是心理上的寂，所以这种时候是最适宜写诗作文的。当然现在有了互联网，有了手机，再要强调说寂寞啊寂寞，有人可能也会不相信。不过天天要面对这一片山水，是有可能会忍不住寂寞的，而严光先生的大半生竟然就是面对这一片山水度过的。

严光先生如果生来就在这个僻静而远离人烟的地方，或渔或猎，或耕或读，那也许并没有什么值得大惊小怪的，这世上有多少人从未走出过自己所住的村坊，但问题是严光是见过大世面的，见过大世面后就不愿再去见"世面"了，这大约也是隐世的另一种解释吧。中国文化的根基还是儒家文化，儒家文化还是讲究入世的，所谓"天下兴亡，匹夫有责"，这句话的要义是兴有责，亡更有责，不可逃脱之责。但是在中国还有一个现象，就是隐者又是很受人崇敬的，从春秋时期就这么传下来了。且后世是有多少的文人墨客都为隐士赋诗作文，因为他们做不到隐，哪怕不能仕也做不到隐。隐士中最有代表性的当然就是严光先生了。刘备请诸葛亮出山的三顾茅庐，主角是刘备，言下之意你诸葛亮再怎么厉害，也是被我刘备的诚心所感动了，但是严光却不，所以我们得讲讲他的故事。

严光（前39—41），又名遵，字子陵，会稽余姚（今属浙江）人，东汉著名隐士。他原姓庄，因避汉明帝刘庄之讳而改姓严。严光少年时就很有才气，书上都说他与刘秀（后来的汉光武帝）曾是同窗好友，对此我也提不出多少质疑的观点来。严光比刘秀要大34岁，刘秀出生在西汉建平元年十二月初六（前5年1月15日）。可

严光像

能古代的同窗好友概念要宽泛一点，所以大 34 岁也不是说完全没有可能。我的疑问是：他们是什么时期的同学？少时蒙学班的还是后来研学班的？前者完全不可能。他们的老师是谁？因为即使年龄相仿，刘秀是北方人，严光是南方人，要同窗也是得有一定机缘的。不过传闻严光不仅是刘秀请过他出山，比刘秀早出山的王莽，西汉初始元年（8）就去邀请过严光，但他根本不为所动。侯霸是严光的老相识，在王莽的政权里已经当上了淮平大尹一职，但是他后来在王莽失势时马上就临时变道，向起义军靠拢，后来在刘秀那里做了官。这让严光很是瞧不起。侯霸也知道严光跟皇帝的关系非同一般，所以后来听说严光要来了，于是先行一步去巴结关系，让人带书信去问候严光。严光看了侯霸的信后，很是鄙视，而且也不愿回信给他，只让来人带去了两句话："怀仁辅义天下悦，阿谀顺旨要领绝。"

这个传说可以证明严光之不仕，也是有他个人的原因的，所谓高风亮节也总是有背后的原因的。

严光的故事其实不多，他是西汉永光五年（前 39）出生的人，活在今天就正好是 2060 岁。那么一个公元前的人，资料传说自然是不多的，只传说他是浙江余姚人，跟刘秀一起读过书，后来刘秀起事，严光就是高参，相当于幕僚和师爷。历史上绍兴师爷是很有点名气的，余姚古时就属会稽郡，那这个严光就属于师爷中的祖师爷了。师爷分两种，一种是甘于做师爷，还有一种是做着做着就要从幕后走到台前去，而且还喜欢时时出台。严光显然是第一种，且第一种也没有兴趣再做下去，即在刘秀当了皇帝之后，他就归隐富春山水了。这一点是特别值得一提的。有的是当不了官才说当官没意思，赚不了钱才说赚钱没意思，严光的厉害之处是急流勇退，所以才有如下的传闻。

传闻刘秀称帝之后思贤念旧，想到了严光，想让他辅佐自己，于是他仅凭印象，让画工绘制严光的像，然后派人按图索"人"，四处寻访，因为这个时候严光已经隐姓埋名躲了起来。后来齐地报称有一男子披着羊裘在泽中垂钓，刘秀认定此人就是严光，即派遣使者去邀请。前两次都被严光决然回绝，第三次又去请，严光无奈赴京，因为再不去说不过去了。

　　严光进京之后，刘秀就到他的处所探望。严光在床上卧着不愿起来，甚至连眼睛都不愿睁开，于是刘秀上前摸着严光的肚子说："子陵啊子陵，为何我一再求你，你却不给我面子，不愿意相助于我呢？"严光当时并没有回答，而是思考了很久之后才张开眼睛看着刘秀，回答他："每个人都有各自的志向，为什么要如此对我进行逼迫呢？"刘秀听了以后很是失望，于是叹息着走了。后来刘秀又请严光进宫谈论道义和旧事，因为少时即是同学，所以两人也就无拘无束，谈着谈着就坐上了床席，大概床席上比凳子上要更舒服一些，于是就有传言说严光将脚放在皇帝肚子上。这成何体统？刘秀却笑着说："这不是什么大事，我只是在与我的老友子陵一起躺着聊天罢了。"后来刘秀还是想让严光任职，严光拒绝了，继续归隐于富春山，耕作、读书、钓鱼，悠闲地过着每一天。

　　光武帝建武十七年（41），刘秀再次想请严光出山任职，严光仍然不同意。后来刘秀写给严光的书信被世人发现，里面满是严光不愿意放弃隐居、出山任职帮助他的无可奈何，他认为虽然高风亮节的气质很可贵，却不希望严光也这么做。严光回到自己的家乡后，仍然过着平淡的生活，80岁的时候在家中去世。后人将他安葬，并且修筑了祠碑等纪念物，称颂他的高风亮节。宋朝有一首歌颂严光的诗，诗的大意是说严光对名声实际上也

143

有着渴望，陆游也在《鹊桥仙》中表达出了自己和严光的不同，陆游自己丝毫没有求名的心，只是一个"无名渔父"。

严光不愿出仕，具体原因不详，是怕刘秀成刘邦第二，自己最后会落得个"走狗烹"的下场，还是其他什么原因不得而知。但是当人们都往高处走的时候，严光却停步不走了，这也给人提供了一种人生的可能性，即所谓人各有志吧。

富春江边出了这么一个高人，以至后来的政要和文人墨客都要到此凭吊怀古，由此留下了千古名篇。相传从谢灵运开始，光是唐朝诗人就有如下：洪子舆、李白、孟浩然、孟郊、权德舆、白居易、吴筠、李德裕、张祜、陆龟蒙、皮日休、韩偓、吴融、杜荀鹤、罗隐、韦庄，包括曾在睦州做过官的刘长卿、杜牧，隐居桐庐的严维、贯休，还有桐庐籍诗人方干、徐凝、施肩吾、章八元、章孝标等。自唐以后，又有范仲淹、苏轼、陆游、李清照、朱熹、张浚、康有为、郁达夫、张大千、陈毅、郭沫若、巴金等1000多名诗人、文学家来到钓台，并留下2000多首诗文佳作。在范仲淹题写的《严先生祠堂记》一文中，就有"云山苍苍，江水泱泱，先生之风，山高水长"一句，成为千古名句。

富春江两岸自然风景优美，但如果光有自然风景，缺乏诗文佳句和人文积淀，那这个地方就会逊色不少。富春江和之前的严州府正因为有了著名的隐士严光，有了他的各种传说故事，所以在山清水秀之中又多了人文故事，这才让桐庐和建德等地成为文化圣地，同时文化和旅游也就自然结合在一起了。

郁达夫曾在《钓台的春昼》一文中写出了钓台特有

的静寂，他是这样写的："静，静，静，身边水上，山下岩头，只沉浸着太古的静，死灭的静，山峡里连飞鸟的影子也看不见半只……"在这篇文章中他也提到了自己的一首"歪诗"，其中有这么两句："曾因醉酒鞭名马，生怕情多累美人。"熟悉郁达夫身世的人都知道，这两句诗完全是他的真实写照，那后一句还被用作了书名。

郁先生也写到了严先生祠里的那些题诗，这些诗大多都不入他的眼，以为"都是些俗而不雅的过路高官的手笔"。不过他倒是很赞赏他的老乡夏灵峰（夏震武）的两首绝句诗，夏灵峰是个典型的清末遗老，可能在骨子里要更懂严子陵吧，这两首诗的题目叫《游钓台偶题二绝》：

先我烟波老富春，钓台千古峙江滨。
客星一去终无继，天子几闻有故人。

如此溪峦堪避秦，一竿已足老闲身。
富春自有名山在，不向桃源更问津。

事实上要讲起浙东唐诗之路等话题，尤其是富春江的诗词，因为有严子陵的存在，这才有后来的大诗人们络绎不绝地到来，为富春江也为他们自己留下了不朽的名诗和佳话。

现在游览严子陵钓台已经成为游览富春江风景区的必选动作之一，景区现存有严先生祠、客星亭、清风轩、静庐、碑林等景观。

而有关严子陵的传说也相当丰富，有的带有民间故事的色彩，有的则又与自然地理大有关系，特别是关于"子陵鱼"的传说相当有意思。

这故事说的是富春江严陵滩这一带有着特殊的地理水势,江里还出产一种叫鲥鱼的鱼,鲥鱼属溯河产卵的洄游性鱼类。钓台这一块的江面,地势低平,江面开阔,水温适宜,沙洲遍布,水清而流缓,卵石沙底,适宜鱼子孵化,故成为鲥鱼得天独厚的产卵繁殖之地。

每年立夏至处暑前,鲥鱼由海洋进入钱塘江,上溯至桐庐的排门山、子陵滩一带江湾产卵。产卵后亲鱼游归海中,幼鱼则进入支流觅食,至九十月份长到一寸左右时,再游归大海。"农历四月半南洋鲥鱼来,五月中旬北洋鲥鱼来,继之黄嘴鲥鱼来。"这是流传于桐庐民间的谚语。因此立夏后的一两个月,是桐庐鲥鱼的汛期,也是捕食鲥鱼的最佳季节。

然而这种鲥鱼在富春江里,在老百姓的传说中,却又被叫作"子陵鱼"。传说刘秀来请严光时是带来锦袍玉带的,可是严光却将之当场给撕成了一条条,并将它抛向江中,于是这一条条、一丝丝银光灿灿的锦袍玉带,顷刻间变成一尾尾鳞光闪闪的小鱼,渔民们就把这种鱼

严子陵钓台

叫作子陵鱼了。据《建德县志》记载："严子陵不仕，隐住钓台，古风可佳，名扬万里。来朝者除文人学士还有大批水族。其中有一小似银针的水族心尤虔诚，每年五月来朝，频频拜谒，非要磕破鼻子方休。年年如此，代代如此。后人感其诚，称鼻有红点缀的银针鱼为子陵鱼。"清吴锡麒诗云："更比银鱼小，来逢五月时。上滩争一雨，触网胃千丝。匕箸情何急，烟波未可知。高名肯相借，钓竹莫轻垂。"

这言中所称的"鼻有红点缀"的银针鱼，是因拜谒严子陵而磕破鼻子的，故以鼻有红点者为鱼中珍品。当然传说归传说，老百姓最后还是要求个口福的，现在在富春江一带"干烧子陵鱼"就是最具特色的名菜之一。不过这个事情也许不能告诉严先生，他知道了会怎么样呢？给你一个哈哈一笑的表情吧。

钱镠：保境安民传家训

吴越多故事，钱镠传说多。钱镠的降生就是一个传说故事。

传说钱镠出生的时候，红光满室，后庭一片兵马之声；又说小钱镠长相奇丑，他父亲钱宽认为此小子不吉利，便要将他抛弃在井里，幸被阿婆留了下来，所以钱镠的小名叫婆留，现在临安还有婆留井的遗迹。钱镠（852—932），字具美（一作巨美），杭州临安（今浙江杭州市临安区）人，五代十国时期吴越国的创建者。五代十国处在什么时期呢？处于唐朝和宋朝之间，所以后来便有吴越王纳土归宋的历史史实。

钱镠的少年时代，家境贫困。他小时候好学武，擅长射术，对图谶等也有所涉猎，成年后以贩卖私盐为生。传闻他骁勇过人，在乡里颇有名声。但钱镠年轻时也有不良恶习，跟少年时的张苍水有点相似。钱镠常与临安县录事锺起的几个儿子一起喝酒赌博，锺起为此很不高兴。后来有相士发现钱塘地界有王气，于是便到临安暗中查访。相士看到钱镠后道："这才是真正的贵人哪！"又对锺起道："你以后的富贵，就靠此人了。"从此，锺起不但允许儿子与钱镠交往，还时常接济他。不过此种传闻，也基本逃不出"生死有命、富贵在天"的套路。

钱镠所处的时代，已是唐朝末年，各种社会矛盾都爆发了。乾符二年（875），浙西裨将王郢拥兵作乱，石镜镇将董昌招募乡勇平叛。钱镠时年24岁，应募投军，被董昌任命为偏将，随军平定王郢之乱。此后，他又参与了多起战事，声震浙东浙西，成了一位有名的将领。

这时各地爆发了农民起义，其中以黄巢领导的队伍最为声势浩大，一度打到浙江，并兵过临安，钱镠派兵伏击。当黄巢的先头部队进入伏击圈之后，对方的首领被射下马来，于是对方就乱作一团，然后钱镠就让乡人放出风声来，说他们"兵屯八百里"。这话一传十，十传百，很快传到了黄巢大军的耳朵里，他们想，对手兵屯八百里，这可不是开玩笑，于是黄巢大军绕而远之，离开了临安奔浙东而去，使得临安避开了一场敌众我寡、实力悬殊的战争。他放出风去的"八百里"，实际上是临安乡下的一个地名。这就是钱镠的过人之处。

钱镠一开始是跟着董昌打天下的。在征战岁月中，他最重要的两个伙伴就是董昌和杨行密，前者是先友后敌，后者是先敌后友。这说明在乱世间没有恒定的朋友和敌人，一切都要看大势和利益而定，而在这一方面，钱镠无疑是乱世中最识大势的那个人。

此后十年，钱镠过关斩将，节节胜利。乾宁四年（897），钱镠前往越州，正式接受镇东军节度使的任命，而后返回杭州，以越州为东府。从此，钱镠基本控制了两浙，形成割据势力。光化元年（898），钱镠将镇海军治所迁到杭州，并加检校太师。这个时候，钱镠的主要威胁就是淮南节度使杨行密。但是钱镠用与杨行密联姻的方式化解了危机。钱镠让第六子钱传璙（传闻钱镠有38个儿子）到广陵（今江苏扬州）向杨家提亲。后梁开平元年（907），五代梁太祖朱温封钱镠为吴越王。当时唐已经灭亡，五代（即后梁、后唐、后晋、后汉、后周）实际上是一个大动乱的时代，连年混战，且谁也统一不了谁，只有吴越国尚能安于一隅，这跟钱镠的治国理念有关。当时节度使判官罗隐劝钱镠出兵讨梁，但钱镠没有采纳这个建议，虽然当时吴越国的实力似在后梁之上。钱镠说："我若出征，邻国乘虚来袭，百姓必遭荼毒，我以有土有民为主，不忍兴兵杀戮。"这说明钱镠还是善于审时度势且有大局观的。吴越国大致与五代相始终，从钱镠开始起，传了三代五王，至宋归顺。

长兴三年（932），钱镠病重，召集臣下托付后事，他说："我的儿子们大多愚蠢懦弱，只怕难以担当大任。我死后，请你们从中择贤而立。"臣下都推举钱元瓘。钱镠于是立钱元瓘为继承人。不久，钱镠去世，终年81岁。后唐朝廷得知后，废朝七日，赐谥号武肃，并命工部侍郎杨凝式为其作神道碑文。

钱镠在执政吴越国的时间里，在凤凰山下修筑了子城，又增建了罗城，东濒钱塘江，南至六和塔，西到雷峰塔，北达艮山门，形似一个腰鼓，所以又被称作为"腰鼓城"。钱镠打算扩建城墙时，有方士提出："若改旧为新，有国止及百年。如填筑西湖，以建府治，垂祚当十倍于此。"钱镠却回答说："百姓借西湖水以灌田，无水即无民。何况哪有千年不换人主的？我有国百年就够了。"

钱镠王执政期间在水利建设上颇有成就，主要体现在修筑海塘和疏浚内湖上，在杭州就有钱王射潮的传说。当时的人认为，钱塘潮屡屡冲毁江堤，是因为江中有潮神在作怪，于是钱王决定带五百名弓箭手去射潮，时间选在潮神八月十八生日那一天，地点就在杭州候潮门一带。那天下午，大潮席卷而来，钱王一声令下："放箭！"只见三千支箭齐齐地射向潮头，这就是苏东坡后来所写的"三千强弩射潮低"的情形，只见那潮头再也不敢扑向堤岸，乖乖地向江道中流去。

钱王射潮当然只是一个传说，但反映了人们对钱王的感恩和怀念，因此在钱塘江边和西湖边都有钱王射潮的雕塑。

开平四年（910），钱镠动员大批劳力，修筑钱塘江沿岸捍海石塘，用木桩把装满石块的巨大石笼固定在江边，形成坚固的海堤，保护江边农田不再受潮水侵蚀。并且由于石塘具有蓄水作用，所以江边农田得获灌溉之利。而这一切在位于杭州七堡的海塘遗址博物馆中都有所体现。

此外，钱镠设撩湖军，开浚钱塘湖，得其游览、灌溉两利。当时南北的陆路交通常因战争而中断，钱镠凿平了钱塘江中的石滩，便利了水路航行，促进了浙江海

吴越钱氏海塘遗址

运事业的发展。吴越国当时跟日本和暹罗（今泰国）已建立了通商关系，这也是杭州作为海上丝绸之路的一个重要内容。与此同时，钱王又引湖水至涌金池，使西湖与运河相通。钱镠还在太湖地区设"撩浅军"四部，计有七八千人，专门负责浚湖、筑堤，使得苏州、嘉兴等地得享灌溉之利。

因为有这些功绩，钱塘江沿岸的海神庙里供奉的也是钱镠的塑像。正是这位钱镠王，通过他的统治，把深受水患之苦的海边小城发展成为适宜居住的一座城市，为此后南宋临安城的繁荣发展打下了坚实的基础。

钱王和他的子孙钱元瓘、钱弘佐、钱弘倧、钱弘俶三代五王都笃信佛教，因此吴越国境内寺庙林立、香火旺盛，百姓多数信教向善。杭州不少有名的寺庙、塔幢和石刻都是在那个时候兴建或扩建的。如今天杭州城里最有名的四座塔，就是宝石山上的保俶塔、月轮山上的六和塔、夕照山上的雷峰塔和闸口的白塔都是那时建造的，另外在那时还建了昭庆寺和净慈寺，扩建了灵隐寺，同时还创建了九溪的理安寺、赤山埠的六通寺、灵峰的灵峰寺、天竺山的法喜寺、云栖的云栖寺、北高峰下的韬光庵、吴山的宝成寺等等。这从一个侧面反映了当时的社会繁荣稳定，百姓有向佛向善之心。

钱王另一被世人称道的是他修身治家的格言，传闻他曾两度订立治家"八训"和"十训"。"十训"即钱镠临终前向子孙们提出的十条要求,这也是《武肃王遗训》的基本内容。现在世面上能见到的半白话半文言版的《钱氏家训》，是清末举人钱文选采辑整理过的，与《武肃王八训》《武肃王遗训》一起收录在1924年出版的《钱氏家乘》中。

钱王的子孙都能记住先祖的遗训，不管中原是谁称王，吴越皆对之称臣纳贡，以保一方平安。赵匡胤建立宋朝后，吴越国的末代统治者钱弘俶遂纳土废国，归顺宋朝。

钱氏后人秉承祖训，绍续家风，绵延文脉，造就了吴越钱氏一门世代家风谨严、人才兴盛的传奇。这个家族始终书香绵延，代有人才涌现。宋朝皇帝称"忠孝盛大唯钱氏一族"。清乾隆帝也感佩其家族教子有道，在南巡时御赐"清芬世守"匾额。到了近代更是人才井喷，文坛硕儒、科技巨擘云集，海内外"院士"子弟数以百计，因而吴越钱氏家族被公认为"千年名门望族，两浙第一世家"。

在杭州的民间，传诵着不少钱镠王的故事。传说他被封为吴越王后，回乡祭扫坟墓，延请故老。八十岁以上者用金樽，百岁以上者则用玉樽。钱镠亲自执杯，高唱《巡衣锦军制还乡歌》："三节还乡兮挂锦衣，碧天朗朗兮爱日晖。功成道上兮列旌旗，父老远来兮相追随，家山乡眷兮会时稀，今朝设宴兮觥散飞。斗牛无孛兮民无欺，吴越一王兮驷马归。"他见乡民不懂歌中之意，便再用土语高唱："你辈见侬底欢喜，别是一般滋味子。永在我侬心子里。"歌罢，满座叫好。

钱镠在混乱动荡的环境里，养成了一种保持警惕的习惯。他夜里睡觉，为了不让自己睡得太熟，便用一段滚圆的木头做枕头，叫作"警枕"。倦了就斜靠着它休息；如果睡熟了，头从枕上滑下，人也惊醒过来了。为了防范侍卫夜间贪睡失职，钱镠还常向城墙之外发射弹丸，以期他们提高警惕。此外，钱镠还在卧室里放了一个盛着粉的盘子，夜里想起什么事，就立刻起来在粉盘上记下来，免得白天忘记。

钱王最为感人的一点是还能听得进不同的意见。钱镠喜欢吃鱼，曾命西湖渔民每日向王府缴纳数斤鱼，名曰"使宅鱼"。罗隐知道后，借为钱镠的《磻溪垂钓图》题诗的机会，作诗道："吕望当年展庙谟，直钩钓国更谁如。若教生在西湖上，也是须供使宅鱼。"他的意思是说如果姜太公来到西湖垂钓，也得每天给钱镠送鱼，这显然是在讽谏钱镠。钱镠不但不怒，反而下令取消了"使宅鱼"。

今天的杭州，还有不少跟钱王有关的遗迹和纪念场所。

吴越国王钱镠的墓地，位于杭州市临安区锦城街道太庙山南麓，是浙江省唯一保存完好的帝王陵墓，也是全国重点文物保护单位、杭州市爱国主义教育基地之一。

钱王祠位于浙江省杭州市西湖东岸柳浪闻莺公园内，始建于北宋熙宁十年（1077），供奉钱氏三代五王，原

钱王祠

称表忠观，清代以后则通称为钱王祠。钱王祠在"文革"中被毁，2003年重建竣工，占地11300平方米，建筑面积4600平方米，为杭州市市级文物保护单位。

范仲淹：先天下之忧而忧

有这么一个一千年前的古人，写了一篇文章，这篇文章被历朝历代的人传诵点赞，远的不清楚，就说我们身边的 70 后、80 后和 90 后，在初中时都要读他的课文，而且老师一再说要考要考的。对于这样的优秀作品，要考不稀奇，不考才稀奇。

这个写文章的人就叫范仲淹，他写的文章就叫《岳阳楼记》，那里面的名句就是"先天下之忧而忧，后天下之乐而乐"。老实说要让初中生真的理解这句话还是有一定困难的，因为那是需要文化和阅历的积累的，特别是要跟成人世界里的升迁和谪贬等关联起来后，才会慢慢形成自己的忧乐观，但是有这么一句关于忧乐的金句在，人们在写作时就会多一种论点，而且是很难被驳倒的论点。

这个范仲淹还跟我们杭州有关，也跟严州和绍兴有关，因为他在这三个地方都做过市长，他的忧和乐、他的施政都跟这三个地方的百姓有关，所以我们要来说一说这方面的故事。

范仲淹（989—1052），字希文，苏州吴县（今江苏苏州）人，北宋政治家、文学家。范仲淹的童年是很不幸的，他出生后的第二年，父亲范墉就因病去世了。本来他们范家是很有祖荫的，他的先祖范履冰做过唐朝的宰相，世居陕西邠州，后来才迁到苏州。五代时，曾祖和祖父均仕吴越，父亲范墉早年亦在吴越为官。宋朝建国后，范墉追随吴越王钱弘俶归降大宋。范的父亲去世后，母亲只能改嫁一位姓朱的人，于是范仲淹就改名为朱说。传闻范仲淹在童年相当贫苦的条件下仍十分好学。曾有一个"划粥断齑"的故事，说的是范仲淹每天用粟米煮粥，隔夜粥凝固成糕，用刀切为四块，早晚各吃两块，再加上几根咸菜充饥。即他把一日三餐改成了一日两餐。成年后范仲淹知道了自己的身世，遂又改回范姓本名。后范仲淹到南京应天书院攻读五年。传闻他在冬天读书疲倦发困时，就用冷水洗脸；没有东西吃时，就喝稀粥度日。而且那几年他从来都是和衣而眠，就是为了能够多挤出一点时间来读书。有人觉得这样的读书很苦，但他却以此为乐，从不叫苦。这一点有点像孔子的贤徒颜回，一碗饭，一瓢水，在陋巷，他人叫苦连天，颜回以为乐在其中，且不改其乐。

这一切的努力终于换来了结果，他在大中祥符八年（1015）27岁时考上了进士。

范仲淹由此走上了仕途，他有一句名言，叫"私罪不可有，公罪不可无"。前半句是说一个人不可以在私德方面被人诟病。所谓私德，就是做人的底线，无论平民还是官员都是要遵守的，比如说不能触犯法律等。但是你也不能因此做老好人不担当，他所说的"公罪"无非是官员之间因政见不同而得罪了某个更厉害的人物，这个人物要么是皇帝，要么是宰相，因此得罪的人会遭到被黜被贬。我们知道"政见"的标准答案是要由历史来书写定论的，虽然在当时是由皇帝或宰相说了算。中国在两千年封建社会时期，始终在一个比较封闭的体系内运转，所以在运转时永远都有大臣官僚之间的斗争，如动乱时是战还是和（即主战还是主和），和平时期是改（革）还是不改（即所谓是否变法）。大诗人陆游的一生历经多次沉浮，而范仲淹的政坛生涯更是这样。范仲淹有三次在中央做官的经历，即已经在皇帝身边了，但结果三次被黜，主要原因还是得罪了宰相，即他跟宰相不是一条船上的。

天圣六年（1028），范仲淹经过著名诗人晏殊的推荐，当上了秘阁校理一职，主要负责皇家图书典籍的校勘和整理。办公地点就在皇帝的旁边，实际上有点像皇帝的文学侍从。如果这个皇帝喜欢文学，于他而言便有一个极好的机会。这个时候的皇帝叫仁宗皇帝，年近二十，大权是在六十岁的刘太后手上。有一次范仲淹听说冬至那天，太后要让仁宗同百官一起，在前殿给她磕头庆寿。范仲淹认为，家礼与国礼不能混淆，损害君主尊严的事应予制止。他奏上章疏，批评这一计划。这一来可把晏殊吓得不轻，便厉言责之，但这个范仲淹却一股书生意气，不仅不收回章疏，还一不做二不休，干脆再上一章，请刘太后撤帘罢政，将大权交还仁宗。

结果可想而知，天圣八年（1030）范仲淹被贬为河中府通判。三年之后刘太后去世，仁宗皇帝才将他召回，派他做专门评议朝事的言官——右司谏。这就是因言获罪，又因言升迁。现在好了，谏言上书成了他的职业，他的倒霉日子又来了。这个时候当朝宰相是吕夷简，当初是靠讨好刘太后起家的。太后一死，他又赶忙说太后的坏话。这种狡诈行径，一度被仁宗的郭皇后揭穿，宰相职务也被罢免。但吕夷简在宫廷中依然根基颇深，不久，他便通过内侍阎文应等重登相位，又与阎文应沆瀣一气，想借仁宗的家务纠纷，废掉郭皇后。那时已经堕入杨美人、

[宋]范仲淹《范文正公文集》书影

尚美人情网的皇帝，终于决定下诏废后，并根据吕夷简的预谋，明令禁止百官参议此事。

范仲淹率众反对废后，又一次被贬，外放知睦州。范仲淹在从政生涯中数次被贬，但都不改他直言诤谏的本性。

在这里值得一说的是，范仲淹在从政生涯中还有一段"庆历新政"的经历。这是指庆历年间（1041—1048）仁宗皇帝面临内外交困的局面，为了稳定大局便开始出台新政，这个时候他想到了范仲淹。庆历三年（1043），范仲淹跟在西线作战的韩琦一同被调回京师，因为征战有功，被任命为枢密副使；又扩大言官编制，仁宗亲自任命四名谏官——欧阳修、余靖、王素和蔡襄，后来号称"四谏"。请注意当时是有言官的这个设置的，但言官的编制却是皇帝定的，因为皇帝就是"编制办"兼"一切办"。皇帝使用"言官"实际上也是想借言官之嘴来扫清障碍，而且说起来合法合理，万一做过头也还可以来纠偏。

庆历三年（1043）八月，范仲淹被拜为参知政事。九月，范仲淹、富弼和韩琦，拿出了改革方案，这就是有名的新政纲领《答手诏条陈十事》。新政提出了一些改革主张，主要涉及干部人事制度，以及农桑和国家治理等。它的主要内容首先是"明黜陟，抑侥幸"，即严明官吏升降制度。范仲淹提出考核政绩，破格提拔有大功劳和明显政绩的官员，撤换有罪和不称职的官员，并且限制侥幸做官和升官的途径。当时，大官每年都要自荐其子弟充京官，新政废了这条规定。

其次是"精贡举，择长官"，即严密贡举制度。朝廷为了培养有真才实学的人，首先应该改革科举考试内容，把原来进士科只注重诗赋改为重策论，范仲淹还建议朝廷派出得力的人往各路（北宋州以上的一级监察和财政区划）检查地方政绩，奖励能员，罢免不才；选派地方官要认真地推荐和审查，以防止冗滥。

再次是"均公田，厚农桑"。公田即职田，是北宋地方官的定额收入来源之一，但分配往往高低不均。范仲淹认为，供给不均，怎能要求官员尽职办事呢？他建议朝廷均衡一下他们的职田收入；没有发给职田的，按等级发给他们，同时要重视农桑等生产事业。范仲淹建议朝廷降下诏令，要求各级政府和人民兴修水利，大兴农利，并制定一套奖励人民、考核官员的制度，长期实行。

新政还涉及军事等方面的内容。

很明显，以上新政是针对既得利益集团的。果然，一年之后谤声四起，有人便攻击范仲淹等人的新政是结党营私，打击异己。仁宗皇帝迫于压力，又将范仲淹等改革派外放，这实际上意味着改革以失败告终。不过这次新政播下了种子，对之后的王安石变法起到了启迪作用，王安石后来就把范仲淹当作他变法的宗师。

除了庆历新政之外，范仲淹之前还有戍边西北的功劳，从他的《渔家傲》（塞下秋来风景异）一词中便可见一斑。这首词也曾入选初中语文教材，当时我们学习这首词时奇怪为什么一个文人要写这样的边塞词，是他去参观军营了吗？后来才知宋朝为制约武将独大，军事统管权都在文人手里。且看这首词：

> 塞下秋来风景异，衡阳雁去无留意。四面边声连角起。千嶂里，长烟落日孤城闭。　浊酒一杯家万里，燕然未勒归无计。羌管悠悠霜满地。人不寐，将军白发征夫泪。

这其实是范仲淹的亲身经历，他在陕西守边有三年时间。一开始边关吃紧，他是临危受命，后来就是他和韩琦等人共同努力，挫败了西夏的进攻，又收复了一些失土，此后西夏就不敢再来进犯了。他们说范仲淹"胸中有数万甲兵"，边疆军民还有一首歌谣如此说道："军中有一韩（琦），西贼闻之心胆寒。军中有一范（仲淹），西贼闻之惊破胆。"

正是因为范仲淹戍边的功绩，其才受到仁宗皇帝的再次重用，于是就调他回京，有了后面的庆历新政。

范仲淹到杭州任知州时已经处在他生命的晚年时期，这一年他已经 61 岁了。可是偏偏不巧，长年风调雨顺的杭州却正遇天旱引起的大灾，于是他出台实施了"荒政三策"。

第一策就是抬高谷价。当时首先面临的是粮荒问题，米价飞涨，每斗米已经涨到120钱，且呈供不应求之势。此时社会已经一片恐慌，范仲淹上任伊始能有什么高招呢？平抑物价？紧急调粮，让中央财政驰援？统统不是，范仲淹不愧为高手，他舆论先行，先到处张榜公告，说杭州米价已经180钱一斗了，米商闻讯后纷纷昼夜调运大米到杭州，等市场饱仓之时，他再向外公告米价调至120钱一斗，如此一来，粮食充足了，恐慌消除了，市场也稳定了。这一措施虽然有点不按常规出牌，但他却用市场的杠杆来解决了市场问题，包括社会问题，应该说也是值得借鉴的。

第二策是大兴公私土木之役。具体内容是：饥岁工价至贱，可兴土木之役，以工代赈，修寺院，建官舍，盖库房……公私并举，既进行了杭城的公私营造建设，又解决了大量饥民失业流离之苦。

第三策是纵民竞渡。作为杭州太守的范仲淹利用吴人好佛事，喜竞渡，亲自日出宴于西湖。自春至夏，居民空巷出游，大兴旅游业，发有余之财。这用今天的说法就是在发展第三产业。

以上三策，史称"荒政三策"，其结果是条条奏效，"是岁，两浙惟杭州晏然，民不流徙，皆公之惠也"。可当时范仲淹却冒着被劾之险，其时即有监司指责他"不恤荒政，嬉游不节"，"公私兴造，伤耗民力"。可后来的事实证明其功效卓著，为朝廷所肯定，并以此为模。这一切都说明范仲淹是有能力的人，所以现在有人评价说，范仲淹是一个善于用经济学手段来化解经济危机的高手，也是杭州现代旅游业的开创者，至少他的"纵民竞渡"之策，多少有了现代旅游业的雏形。

还有一件事，也是范仲淹在杭州任上完成的，虽然不是为杭州而是为他苏州老家做的，即他拿出自己几乎全部的田产积蓄，在老家办起了义庄，史称范氏义庄。义庄含义田、义宅、义学，使族中贫困者"虽至贫者，不复有寒馁之忧"，"日有食，岁有衣，嫁娶凶葬皆有赡"，"立塾以教"，"教养咸备"。据史料记载，这个义庄一直办到了民国年间，历经各朝各代风雨，达900年之久。

做义庄做公益是这样，那对自己又怎样的呢？范仲淹到杭州上任后，不少弟子和友人劝他在西湖边造一座别墅以享天年，但是他婉拒了。他说："人苟有道义之乐，形骸可外，况居室乎！吾今年逾六十，生且无几，乃谋治第树园圃，顾何待而居乎！"他又说："俸赐之余，宜以赒宗族，若曹遵吾言，毋以为虑。"可见他的"先天下之忧而忧，后天下之乐而乐"不只是说说而已，自己是一直在实践的。照字面上的意思，天下之乐之后，自己也是可以乐的，但范仲淹却不是这样，他是把天下之乐当作自己之乐，这一境界就非常人可及了。

当然作为一代文豪，范仲淹跟之前的白居易和之后的苏东坡、陆游等一样，为杭州留下了不少优美的诗文，亦是杭州的形象代言人之一。他在杭州为官时间虽短，却也为杭州留下了不少优美的诗文，抒发心中多彩的情感世界，如"长忆西湖胜鉴湖，春波千顷绿如铺"，"西湖天下绝，今日盛游遨"，"一水无涯静，群峰满眼春"，"余杭偶得借麾来，山态云情病眼开"，"江干往往腊不雪，今喜纷纷才孟冬"，"钱唐作守不为轻，况是全家住翠屏……最爱湖山清绝处，晚来云破雨初停"，等等。

其中有一首词——《苏幕遮》（碧云天），后来据学者考证亦是范仲淹作于杭州的：

碧云天，黄叶地，秋色连波，波上寒烟翠。山映斜阳天接水，芳草无情，更在斜阳外。　黯乡魂，追旅思，夜夜除非，好梦留人睡。明月楼高休独倚，酒入愁肠，化作相思泪。

范仲淹跟不少文人墨客都有交往，年轻时他曾和隐居孤山的林和靖交往甚密，只是范仲淹晚年仕官杭州时，林已作古二十余年。早在天圣四年（1026），范仲淹在江苏兴化任官时曾多次拜访过这位孤山的林隐士，两人多有诗歌唱和。范仲淹有一首赠林和靖的诗作：

片心高与月徘徊，岂为千钟下钓台。
犹笑白云多事在，等闲为雨出山来。

此诗赞美林和靖人品高洁，不为千钟厚禄而折腰。

林和靖赠范仲淹诗有：

范公亭

马卿才大常能赋，梅福官卑数上书。
黼座垂精正求治，何时条对召公车？

此诗称颂范仲淹官虽小却已数次向朝廷上书进言，并期望范仲淹有朝一日被国家重用，条陈治国大策。

目前杭州孤山建有一座范公亭，亭中有一副对联，上联为"慕子陵和靖之高节"，下联为"贻百世千秋以美文"。

范仲淹在杭时还和天竺山的日观法师交好，法师圆寂后，范仲淹应法师生前的约请，特地为这位精通音乐的杭州高僧写了一篇《天竺山日观大师塔记》。

黄公望：富春山居永合璧

2010年3月14日，十一届全国人大三次会议闭幕，时任国务院总理的温家宝在回答中外记者提问时讲了一个故事，他说："在元朝有一位画家叫黄公望，他画了一幅著名的《富春山居图》，79岁才开始创作的，完成之后不久就去世了。几百年来，这幅画辗转流失，但我知道，现在一半放在杭州博物馆，一半放在台北故宫博物院，我希望两半幅画什么时候能合成一整幅画。画是如此，人何以堪。"

由一幅画说到两岸的历史和文化，说到同根同脉的诸多问题，因此黄公望这位此前仅在艺术圈内享有盛名的大画家一下子成了热搜人物，而他的代表作《富春山居图》也成为人们最为热议的话题，特别是每当有这幅珍贵的名画在海峡两岸或合璧或单独展出时，都成为一时的新闻热点。但凡大陆游客去台湾那是必去台北故宫博物院，希望一睹《无用师卷》部分；台湾游客到大陆到杭州，也都希望去浙江省博物馆一睹《剩山图》部分。《富春山居图》是在明万历年间（1573—1620）被焚成两段的，后来又分藏于台北和杭州，所以才会有总理的借画说事，也为我们带出了黄公望本人的故事。

事实上史书对黄公望的生平介绍并不多，一般人认为，黄公望（1269—1354），本姓陆，名坚，常熟（今属江苏）人，是元代时期的画家。后来他被过继给永嘉（今浙江温州）黄氏为子，居于虞山小山，改姓黄，那位黄先生又求子心切，故给养子取名为公望，字子久。早年黄公望也是希望走科举之路的，曾当过中台察院掾吏，也就是一个小文吏，但因受上司张闾的牵连而蹲了两年监狱，他在狱中供述了张闾贪污舞弊的犯罪事实。等他出狱后已经47岁了，颇有点看破红尘的味道，皈依集儒释道于一体的全真教，号一峰，别号大痴道人，在江浙一带以卖卜为生，浪迹江湖。所谓卖卜，就是看相算命，因要占卦求卜，故称卖卜。此道中人一般分为两种：一种是真有学问且隐居不仕的；另一种则只是混饭吃的江湖中人。前一类人一般有一个特点，即云游四海，去的地方多跟寺庙有关，因为寺庙也多在奇山秀峰之间，它是孕育文学和艺术的天然温床。

　　不走仕途而钟情于山水，这是人到中年甚至是人到晚年时黄公望的追求。黄公望是50岁之后才从事山水画创作的，早年师法董源、巨然，间学荆浩、关仝和李成等名家，后来又得到赵孟頫指授，眼界就完全不一样了，因为赵孟頫是当时的艺坛领袖，诗书画俱佳。

　　到了晚年，黄公望大变其法，自创一派，主要表现在两个方面：一是他所作的水墨画笔力老到，简淡深厚，又于水墨之上略施淡赭，世称"浅绛山水"；二是他以书法中的草籀奇字法入画，气势雄秀苍茫，可以说是前无古人。所以后人把他与吴镇、倪瓒、王蒙合称"元四家"，且由他居首位。黄公望擅书能诗，并撰有《写山水诀》，为山水画创作经验之谈。存世作品有《富春山居图》《九峰雪霁图》《丹崖玉树图》《天池石壁图》等。

〔元〕黄公望《富春山居图》

　　黄公望长期游走于山水之间，广交朋友，由此对大自然产生了深厚的兴趣。为了领略山川气韵，他居常熟虞山时，经常观察虞山朝暮变幻的奇丽景色，得之于心，运之于笔。他的一些山水画素材，就来自于这些山林胜处。他居松江时，观察山水更是到了如痴如醉的地步，有时终日在山中静坐，废寝忘食。传闻他走到哪里，都把画笔带在身边，就像今天的一名素描生那样。在他居富春江边时，身上总是带着皮囊，内置画具，每见山中胜景，必取具展纸，摹画下来。富春江北有大岭山，公望晚年

曾隐居于此，他就以大岭山为师，创作绘画。这就是我们所说的"师法自然"。

　　今天的人们只知道当年黄公望的痴，却不知道他的苦。很多时候钟情于山水，恰恰是因为在人间没有一个地方居住，甚至也没有朋友可以交流，所以他只能跟山水进行交流。有这么一个故事，说他为了画画，还差一点丢了性命。

这说的是他79岁的时候，黄公望来到浙江富阳。一天中午，黄公望和往常一样到富阳的鹳山矶头观察山水，并将之描绘出来。正在纸上画画时，突然被人一把推入江中。黄公望还没有看清推人者是谁，那人就已经急急忙忙地逃跑了。

原来推黄公望的人，正是张闾的外甥王其达。他得知黄公望一人住在富春江边，于是来到富阳报复，趁黄公望在江边作画的时候，将他推入江中。

幸好当时有一位叫何树平的樵夫路过，也幸好黄公望命大，好心的何树平将黄公望给救了起来。救起之后，何树平又在犯愁，一者黄公望年纪这么大了，二者他几乎是无依无靠的状态。怎么办呢？于是何树平就把黄公望接到了自己的家里。

何树平的家在一个叫庙山坞的山沟里，这里三面环山，一面临江，酷似一只淘米的竹编筲箕，所以称为"筲箕泉"。这里树木葱茏，山峦起伏。黄公望一到这儿，就被这里的美丽景色给吸引了，安心地住了下来。

黄公望沉浸于此地山水之中，一开始还不敢去远的地方，害怕引来张闾亲属的报复，过了好长一段时间，发现并无异状，便开始满山地转悠。但凡是难得一见的胜景，黄公望都会立刻拿出画具，将眼前的景色画下来。

当然为了感谢何树平和村民们的帮助，黄公望会将自己所绘画作交由何树平贩卖，标价十两银子起步。为了避免麻烦，黄公望还隐姓埋名，在当时绘的画上面没有署真名，落款是"大痴道人"。

传说当然只是传说，但这个故事把黄公望画《富春山居图》的背景给讲清楚了。

黄公望最有名的画作就是《富春山居图》。至于何时开始画《富春山居图》，资料上也是语焉不详的。有人认为这画一共画了七八年时间，时断时续，光是构思的时间就用了六七年。那些年他几乎天天登山临江，也不管春夏秋冬，几乎跑遍了富春江两岸，在他83岁（一说79岁）为此图作题时，尚未最后竣稿。

《富春山居图》描绘了富春江两岸初秋的景色，为世人展示了一幅林峦辽远、江水浩渺、深秀简远的山水长卷，让人在这艺术杰作面前几乎要目不转睛、心驰神往。细观局部，又都自成一格，"凡十数峰，一峰一状；数百树，一树一态"，其间有村落有平坡，有亭台有渔舟，景随人迁，人随景移，处处是小景，富春是大景。

黄公望在中国绘画史上独树一帜，由于成名时已是全真道士，浪迹江湖，所以即使是同时代的人，也没有人能讲清他的籍贯和逝世时间、地点。关于黄公望的籍贯，当下有着多个版本，分别有杭州、松江、常熟、富阳、衢州、徽州和永嘉等说法，但无论是哪一种，生活在江南地区这是毫无疑问的。特别是我们去金华的九峰山游览时，便很容易想起他的另一幅代表作《九峰雪霁图》，因为山形气势都在写实和写意之间，即不但有写实的部分，更有气韵万千。从他画作的题名上也可看出，除了《富春山居图》和《九峰雪霁图》之外，其他像《丹崖玉树图》《天池石壁图》《溪山雨意图》《剡溪访戴图》《富春大岭图》等，实际上都有山水的实指，但显然又不是简单的描摹，不是工笔但有时又让人感觉胜似工笔。前几年有心者拍摄长幅的富春山水，拿之与黄公望的《富春山居图》相比较，这不比不要紧，一比还真有那么一些大势上的相似。

富春江景

  黄公望对后世的画家影响极为深远，明代邹之麟在《富春山居图》题跋中将《富春山居图》与《兰亭序》相提并论，他说："每对知者论子久画，书中之右军也，圣矣。至若《富春山图》，笔端变化鼓舞，又右军之《兰亭》也，圣而神矣。"

  明清画家对此画的评价也极高，著名书画家董其昌在《富春山居图》上题识："吾师乎，吾师乎，一丘五岳，都具是矣。"董其昌曾对王时敏说起过此画，赞曰："诚为艺林飞仙，迥出尘埃之外者也。"

  现在人们虽然对黄公望的生平经历知之不多，但《富春山居图》这一画作本身就有颇多传说，加上画家本人的神秘性，也给此画增添了某些神秘性。从这一不朽巨制传世至今的六百多年里，一代一代的画家莫不以得观

第四辑 山高水长

此图为幸,这也正如董其昌所言:"此卷一观,如诣宝所,虚往实归,自谓一日清福,心脾俱畅。"因此该画也就在收藏家中以重金流转,收藏者或奉为至宝,或秘而不示,这也决定了此画的命运。世载清顺治七年(1650),此火遭到"火殉"之厄运,从此被一分为二,这就有了本文开头的合璧之说。

此画的第一位收藏者是黄公望的道友无用禅师。无用禅师考虑到此卷可能被人"巧取豪夺",因而在画完成之前就请作者"先书无用本号",明确归属。至明代画家沈周收藏前的一百多年中,收藏情况不明。沈周收藏此画的时间很短,诗人题跋时把画弄丢了,后来偶然情况下在一家书画铺中发现了,但此时沈周家贫,难以赎回,甚感惆怅,凭记忆背临以慰怀。到了明弘治元年(1488)苏州节推樊舜举以重金购得后,沈周为之题记,补叙自己收藏时已经是"一时名辈题跋，岁久脱去"的破旧情况，又从画家角度称赞其"墨法、笔法深得董、巨之妙，此卷全在巨然风韵中来"。到了隆庆四年（1570），此卷又转入画家、鉴赏家无锡谈志伊（字思重）手中，太原王穉登和画家周天球都在次年得观并写观后记。明代后期著名书画家、鉴赏家董其昌，于明万历二十四年（1596）购得此卷，但不久就转入宜兴收藏家吴之矩（名正至）手中。吴之矩传给儿子问卿，吴问卿酷爱无比，谨守家传，特建富春轩以藏之。卷上有吴之矩、吴正至印鉴。前面提到的画家邹之麟因是问卿的好友，便为富春轩题写匾额，得以再三批阅此图，因而作长句题识，说藏主"与之周旋数十载，置之枕藉，以卧以起。陈之座右，以食以饮"，喜爱之情到了朝夕不离的地步。在明、清易代的动荡岁月中，问卿在逃避战乱时，唯独携带此卷，进而叹曰："直性命殉之矣。"但问卿并未因此而丧命，在他生命垂危之际，竟然火焚此画要为自己殉葬。万幸的是他的侄儿子文，迅速地从火中抢出已着火的《富春山居图》。可惜前段已经过火，部分焚毁。后来此画也有假画在市面上出现。这几乎是普遍规律，但凡公认的名画，皆有仿冒。之后三百多年中两段画卷分别流传。《无用师卷》很早就进入清朝宫廷，《剩山图》却长期湮没无闻，后来被吴湖帆发现踪迹。

2011年6月1日，黄公望的代表作品《富春山居图》的两半，在台北故宫博物院正式合璧，这是可以写入史册的文化大事件，它背后的意义早就超出了画作本身。

在富春江边的杭州富阳区，现在建有黄公望森林公园，因传说黄公望曾在此结庐隐居，并创作了《富春山居图》。近年又建起了富阳黄公望纪念馆，它位于富阳十里庙山坞的中段，这幢仿古单层建筑被环抱于青山绿水之中。2016年9月，富春江边的公望美术馆正式开馆，这也是人们对这位杰出画家的最好纪念。

第五辑

千古风流

陆羽：人在草木间

"众峰来自天目山，势若骏马奔平川。"这两句诗据说是苏东坡写余杭径山的，很形象地写出了那一带从高山到平原变化的地貌形势。而这径山正好处在临安山区到杭嘉湖平原的过渡带，扮演着一个过渡的角色。说得直白一点，径山脚下展开的便是良田和河流，那便是江南生活的依托所在。

今天人们讲起径山，脱口而出的是两个词：径山茶和径山寺。而要说到径山茶，人们就会提起茶圣陆羽，径山的陆羽泉就跟陆羽有关。传说陆羽曾在那一带著述《茶经》，有他的自述为证，他的自述叫《陆文学自传》。那自传上说："上元初，结庐于苕溪之滨，闭关对书，不杂非类。"他还说："常扁舟往来山寺，随身惟纱巾、藤鞋、短褐、犊鼻，往往独行野中，诵佛经，吟古诗，杖击林木，手弄流水。夷犹徘徊，自曙达暮。至日黑兴尽，号泣而归。"陆羽在这里所说的苕溪发源于天目山，自西而东流向太湖。它的东段称东苕溪，是从临安到余杭的一段，而在湖州入太湖的一段则属于西苕溪。湖州长兴说陆羽是在他们那里写的《茶经》，这肯定是有道理的。我们讲陆羽跟余杭径山有关，是指陆羽喜欢沿着苕溪走来走去，而湖州和杭州共饮一溪水，共有一茶圣。

今天的径山是把陆羽奉为第一名人的，而陆羽当然也担得起这个名头。虽然湖州长兴对陆羽茶文化的开掘更为深入，因为相关史籍记载也更为丰富，所以也更有文章可做，但这都没有什么，一个名人从出生到安息，他每到一处的足迹在后人看来都是极为珍贵的。

陆羽（733—约804），字鸿渐，复州竟陵（今湖北天门）人，自称桑苎翁，又号东冈子、竟陵子，唐代著名茶学家，被誉为"茶仙"，尊为"茶圣"，祀为"茶神"。

陆羽具备了一切传奇故事的要素。孤儿身世，幸遇高人收养和点化；伶人经历，貌丑口吃，然演技颇佳；成年后交游甚广，多才多艺又专攻茶道，终成一代茶圣。其实关于陆羽的这些特点，有两个要点是要掌握的：一是他首先是文人，其次才是茶人。这个我们从他的诗文中皆可看到，《茶经》虽然称不上美文，但也是经典的笔记文字。陆羽在当时虽以煮茶而闻名，但他也只是文人中的茶人。他活着的时候，并不是茶圣；他安息了之后，人们才奉他为茶圣。二是说他是茶圣，因为他写了一部《茶经》，关键是这部《茶经》还是中国第一部关于茶的专著。在陆羽之前，"茶"这个专用名词并未广泛使用，之前"茶"多作"荼"，即"如火如荼"和"荼毒生灵"的"荼"，它只是一种可煮的汤药，或草药一类的。而将"茶"推广使用的，首先是陆羽的功劳，因为陆羽在《茶经》的篇首就这样写："茶者，南方之嘉木也。"而"茶"这个字拆解开来就是"人在草木间"，听起来是不是很有意思呢？这就相当于在说文解"茶"了。

有意思的还是有关陆羽的传说，那多半是跟他的交游和品茶有关联的。

第一个传说是说陆羽不仅懂茶，也懂煮茶的水。唐朝有个叫张又新的人写过一本《煎茶水记》，在这本书里他曾详细地列出了一张陆羽品评过的江河井泉及雪水等共二十品的水单。如庐山康王谷水帘水第一，无锡惠山寺石泉水第二，蕲州兰溪石下水第三，而把扬子江的南零水列为第七品。这当然跟陆羽的游历踪迹是有关系的。据记载，陆羽是湖北天门人，遍游了江苏苏州、无锡、南京、丹阳、宜兴和浙江的长兴、杭州、嵊州等地，

茶圣陆羽

后来又到了江西上饶，当然也有可能涉足过河南和安徽等地，因为他对那两地的茶叶也有研究。不过陆羽对浙江的水似乎评价并不高，他把天台西南峰之千丈瀑布的水和桐庐严陵滩的水分别排到第十七和十九位。

张又新还写过这么一个真实的故事，说州刺史李季卿在扬子江畔，遇见了在此考察茶事的陆羽，便相邀同船而行。李季卿听闻附近扬子江中心的南零水煮茶极佳，即令士卒驾小舟前去汲水。不料士卒于半路上将一瓶水泼洒过半，便偷偷舀了岸边的江水充兑。陆羽舀尝一口，立即指出："此为近岸江中之水，非南零水。"李季卿令士卒再去取水，士卒这次老老实实地在江中心取水了，陆羽品尝后，才微笑道："此乃江中心南零水也。"取水的士卒不得不服，当场就跪在陆羽面前，告诉了实情，陆羽随后也就被传扬得更神了。对此，明清时的一些茶博士认为，南零水和临岸江水，一清一浊，一轻一重，这对茶圣陆羽来说是不难分辨的。其实对食用水的分辨，一些老杭州人也还是很有经验的，他们常年去虎跑泉等但凡有泉水的地方取水，这些泉水跟自来水的味道当然是不一样的。

也还有一则记载，是出自唐代封演的《封氏闻见记》。那上面记载李季卿根本就瞧不起陆羽这位茶博士，而是将他当作叫花子一样给打发的："李季卿宣慰江南……鸿渐身衣野服，随茶具而入。既坐，教摊如伯熊故事，李公心鄙之。茶毕，命奴子取钱三十文酬煎茶博士。"

而关于陆羽成大名的故事，也有传闻。说当世有个叫积公和尚的，对茶很有研究，名声在外，就被叫进了宫里，说皇帝要亲自接见。一番礼节之后，侍官递上了茶，积公轻轻喝了一口，就放下茶碗，再也没喝第二口。皇上因问何故，积公起身摸摸长须笑答："我所饮之茶，都是弟子陆羽亲手所煎。饮惯他煎的茶,再饮别人煎的茶,就感到清淡如水了。"皇帝听罢,问陆羽在何处,积公答道:"陆羽酷爱自然,遍游海内名山大川,品评天下名茶美泉,现在何处贫僧也难知晓。"

于是朝中百官连忙派人四处寻找陆羽,过了几天,终于在舒州(也有说是在湖州)的山上找到了,立即把他召进宫去。皇帝见陆羽虽说话结巴,其貌不扬,但出言不凡,知识渊博,已有几分欢喜。于是说明缘由,命他煎茶献师,陆羽欣然同意,就取出自己清明前采制的好茶,用泉水烹煎后,先献给皇上。皇帝接过茶碗,轻轻揭开碗盖,一阵清香迎面扑来,精神为之一爽,再看碗中茶叶淡绿清澈,品尝之后香醇回甜,连连点头称是好茶。接着就让陆羽再煎一碗,由宫女送给在御书房的积公和尚品尝。积公端起茶来喝了一口,连叫好茶,接着一饮而尽。积公放下茶碗,兴冲冲地走出书房,大声喊道:"鸿渐(陆羽的字)在哪里?"皇帝吃了一惊:"积公怎么知道陆羽来了?"积公哈哈大笑道:"我刚才品的茶,只有渐儿才能煎得出来,喝了这茶,当然就知道是渐儿来了。"

前面讲过陆羽是湖北天门人,但是他怎么跑到径山来了呢?你说他是一路寻茶找泉来到径山,也是说得过去的,但凭那个时候的交通条件,包括前面故事中的要在乡野中找到陆羽,是极难极难的。我前面已经讲了,陆羽首先是一个文人,文人在当时还是很有地位的,且学而优则仕,那些亦文亦仕的人也比较敬重像陆羽这种体制外的文人。而关于陆羽的出身、出道和成名都有不少传说的成分,但好在还有一些历史的记载,真实可信的成分还是比较多的。比如在他的交游之人中,我们应该注意到另一位唐朝诗人崔国辅,他跟陆羽来到苕溪畔应该是大有关系的。

崔国辅是唐代诗人，他的生卒年、字号均不详，但可以肯定，他大致生活在公元700—800年之间，因为书上有两段文字记载着崔国辅的活动，一是开元十四年（726）他中了进士后便任山阴尉，有传他是吴郡（治今江苏苏州）人，也有传他本身就是山阴（今浙江绍兴）人。天宝初年，他入朝为左补阙，相当于监察部门的领导，后又调迁礼部员外郎，为集贤直学士。天宝十一载（752），京兆尹王鉷因罪被杀，崔是王的近亲，于是受到株连，被贬至竟陵做司马。竟陵就是今天的湖北天门，而司马一职一般就是指贬官，像白居易就当过江州司马。陆羽到了竟陵本是百无聊赖，但幸遇了一个叫李齐物的府尹，待他如座上宾，是李府尹把陆羽介绍给了崔国辅，而陆羽能够凭文才和茶技进入"上流社会"，也是靠李的提掖。这个李齐物也是被贬官到竟陵的，所以他跟崔国辅是惺惺相惜。李齐物相当于伯乐，发现并推荐陆羽到火门山邹夫子门下读书，使得陆羽的学问大长。而陆和崔也是一见如故。这个崔国辅曾经做过大诗人杜甫的考官，史载崔国辅贬竟陵前一年，杜甫献《三大礼赋》，唐玄宗奇其才，诏试文章，命崔国辅、于休烈为试文之官。能做杜甫的考官，可能只是工作安排，但崔国辅学问和诗才也非同一般。《河岳英灵集》载："国辅诗婉娈清楚，深宜讽味，乐府数章，古人不及也。"更为关键的是崔国辅又是性情中人，特别好茶，于是就有了崔、陆之间的酬唱往还、品茶鉴水、谈诗论文，一时传为佳话。这说明一个在朝，一个在野，但仅凭诗歌是可以成为好友的，何况陆羽还深谙茶道。打个不恰当的比方，就像今天的闻达人士也好跟江湖术士交游一样，因为相互都有这个需求。传闻崔和陆"游三岁，交情至厚，谑笑永日……雅意高情，一时所尚。有酬酢之歌诗，并集传焉"，这就是说他们唱和的诗还被汇刊成集，出版发行。

　　就这样，陆羽与崔国辅游处三年，他的名声由崔而

〔元〕赵原《陆羽烹茶图》

更加显闻于世，同时学问也大有长进。此后，李齐物回京复官之后，又荐举诏封陆羽为"太子文学"，这就是陆羽的成名之时。所以早年的积公也罢，之后的李齐物和崔国辅也罢，皆印证了陆羽不凡的才华。

天宝十五年（756），陆羽为考察茶事，出游巴山峡川。临行前，崔国辅以白驴、乌犎牛及文槐书函相赠。《全唐诗》存崔国辅《今别离》一首：

送别未能旋，相望连水口。
船行欲映洲，几度急摇手。

从这首诗可以看出，崔和陆之间的情谊。此处我们为什么要专提崔国辅呢？因为从以上两人的关系看，陆羽后来能到杭州这边来，可能是跟崔国辅的推荐是有关系的。这种推荐不是说去做某个官，而是推荐了一条路线，崔国辅对杭绍一带是熟悉的。杭州西湖区有个街道叫转塘街道，即中国美院和浙江音乐学院的所在地。这个崔国辅写过的一首名为《宿范浦》的诗，是跟转塘有关的，全诗如下：

> 月暗潮又落，西陵渡暂停。
> 村烟和海雾，舟火乱江星。
> 路转定山绕，塘连范浦横。
> 鸱夷近何去，空山临沧溟。

　　这诗跟陆羽有关系吗？没有关系。那为什么还要提呢？就是因为有"路转定山绕，塘连范浦横"这么两句。这两句是"转塘"这一地名的出处，当然那时的塘不仅仅是今天池塘的意思，更多是海塘的意思，而当时转塘一带，也的确是有海塘的。

　　这首诗写的是崔国辅要到山阴（今浙江绍兴）去，必须过钱塘江。由于傍晚渡船没了，他过不了江，于是就在范村过夜。范村就是今天的梵村，那个时候这里还多是汪洋。当然，崔国辅的任职是山阴在前，竟陵在后，不过推荐好友去自己曾经熟悉的地方走走看看，这本是情理之中。为什么提崔国辅？就是想为湖北天门人陆羽来杭州寻找一种可能性。因为在之前的记述中，把陆羽说得太苦了，其实陆羽并不是说就那么喜欢山野民间，也并不是说纯粹为寻茶而风餐露宿，而是因为有了像崔国辅这样一些朋友的帮助，他才能沉迷于自己的茶学研究中。而他的研究成果，即煎茶烹水、谈诗论文，又是乐于和他的那些朋友分享的。

　　只可惜除了《茶经》之外，陆羽留给我们的诗作不多，《全唐诗》中只收有完整的两首，其中一首风格跟茶谣一类相似：

> 不羡黄金罍，
> 不羡白玉杯。
> 不羡朝入省，
> 不羡暮入台。

惟羡西江水,
曾向金陵城下来。

陆羽还有一首题为《会稽东小山》的小诗,全诗如下:

月色寒潮入剡溪,青猿叫断绿林西。
昔人已逐东流去,空见年年江草齐。

人们研究发现,这首诗表面上是写给孝女曹娥的,实际上是写他和女诗人李季兰的感情。李季兰是当时很有名的女诗人,这个有名不仅是她诗写得好,语言行为也很是大胆,更要命的是她因触犯唐德宗,最后被处以"死刑",让乱棍给打死了。这无疑给陆羽留下了很深的阴影。现在我们不说陆羽跟李季兰的关系到底如何,只说当年陆羽、皎然和李季兰等一度是同一个朋友圈的,且在剡溪一带活动,是当年浙东唐诗之路上很重要的一支生力军。这也已经被收进相关的纪念馆中了。

陆羽虽然留世的诗歌只有几首,但他的一部《茶经》就堪称是史诗了,因为它前无古人,虽后有来者,但都是学仿他这一部的。

沈括：《梦溪笔谈》里程碑

在中国历史上，诞生了不少伟大的科学家、艺术家、文学家和政治家，他们在各自的领域内卓有成就，然而能将这些头衔和成就集于一身的，却是凤毛麟角，这中间大概只有北宋时期的杭州人沈括才能担此声名。他所著的《梦溪笔谈》是一部古代中国的百科全书，他本人则可以说是一位集大成者，编撰过《中国科学技术史》的李约瑟博士曾评价沈括是"中国整部科学史中最卓越的人物"，而《梦溪笔谈》是"中国科学史的里程碑"。

沈括（1031—1095），字存中，杭州钱塘（今浙江杭州）人。他从小受到了良好的教育，曾有一个故事可以说明沈括从小就很爱动脑筋：有一次，母亲叫他读唐诗，他读到白居易的"人间四月芳菲尽，山寺桃花始盛开"这两句，就问母亲，深山的桃花为什么开得晚呢？

母亲明知答案却不告诉他，让沈括自己去想，于是他反复思考，运用自己的观察和书本上的知识，最终得出了自己的见解：地形、气温与开花的时间有关系，山里的地势较高，气温就比较低，所以植物开花迟，因此他的结论是"此地气之不同也"。

用今天的话来说，沈括不仅文科好，他的数学和理科也很好。民间还有一个传说，是关于他数酒坛的故事。

说的是有一家酒店生意很好，门口的酒坛也堆得很高，且越堆越高。有一天，老板突发奇想，想考一考伙计是否知道这里到底有多少个酒坛子，可是要数清这酒坛子实在不是一件容易的事情。当伙计们正在议论这件事的时候，一位衣冠楚楚的青年书生走进了酒店，这位书生正是沈括。他听到伙计们的议论，对他们脱口而出："这不是很容易的事情吗？"

老板听说了不相信，激将他说："你倒是去数数看。"

沈括说："这很容易，你只要告诉我这堆酒坛最上面的那层一共几排，每排多少个，一共有几层，根本不用数，我马上就知道这堆酒坛的数量。"

老板于是答道："最上面那层酒坛是4排，每排8个，第二层是5排，每排9个——"

"好了，一共7层，"年轻人打断了老板的话，不假思索地报出了答案，"567个酒坛。对吗？"

老板一下子惊得连张开的嘴巴也忘记合拢了。这么快！老板马上把年轻人请进雅间，上茶，敬酒，连忙向他讨教数坛的方法。

沈括回答老板说："我数这坛子的方法其实非常简单，因为最中间那层共77个，共7层，只要再乘7，最后加上28就行了。"

原来沈括从小对算术很感兴趣，读了许多数学名著。

后来自己首创了"隙积术"的算法，专门研究高阶等差级数的求和问题。

早年的沈括跟做官的父亲沈周游历过泉州等地，只可惜在他21岁时父亲就去世了。22岁时他遂依父荫出任海州沭阳县主簿。这其实是个辅佐县令的差事，相当于吏人，他则自称为"最贱且劳"，不过这也给了他很多基层工作的经验。嘉祐八年（1063），沈括考中进士，这才算正式踏入仕途，先后在扬州、宣州、潭州、延州等地任过职，也曾经出使辽国并取得成就。

沈括从政经历中很重要的一笔就是他参与了王安石变法，他的成功并不一定得益于变法，他的失败却多少跟变法且树敌过多有关。沈括博学多才，史称"博物洽闻，贯乎幽深，措诸政事，又极开敏"，得到了宋神宗的赏识，皇帝甚至向他征询过车战和盐法等事，他都能一一回答，且回答得让皇帝很满意。他还主持过郊祀礼仪的制订并且得以实施，受到神宗的称赞。这使得沈括有机会担任更重要的职务，包括在两浙期间的兴修水利，也包括得以出使辽国，取得跟辽国谈判的胜利，不但没有让朝廷割地，且还全身而退，一度保持了北方的安宁。所以后来沈括就被任命为三司使，这等于说是朝廷的财政大臣，且一做就是两年多，这是沈括仕途的顶峰阶段。但是沈括也有相当不顺的时候，包括他还受到过变法派同道的误解和反对，更不用说那些反对变法的政敌。而他最大的滑铁卢其实就是元丰五年（1082）永乐城之战的失利。

这也是那个时代的特点，那时的官员是有点文武兼修的，沈括的军事才能历史记载得很少，但不少文官也照样带兵打仗，或者是因为守边等职务上的原因，不得不作军事上的考虑。永乐城位于今天陕西米脂的西北方位，这等于是个前哨，朝廷原来是想以此为跳板进攻西夏的都城兴庆府（今宁夏银川）。这个方案最早就是由沈括提出来的，当时他担任延州（今陕西延安）知府。后来永乐城是建起来了，但是等到烽烟四起时，沈括因为手下兵力实在太少，竟然没有派兵去援救，于是永乐城被攻破，守城的宋军也被歼灭。由此，他就受到了处分，且是作为主要责任人，后被贬为筠州团练副使，命令他在随州安置，这等于是规定他在指定地区居住的意味，大概跟今天某些人不能坐飞机和高铁的处罚是类似的，这同时也意味着他政治生涯的结束。宋哲宗即位后，才允许他到秀州（今浙江嘉兴）居住。好在沈括毕竟还是有几把刷子的，后来他向朝廷进献了他花了多年心血编绘而成的《天下郡县图》，朝廷很高兴，赐他一百匹绢。后又允许他任选地方居住，他就生活在了江苏润州，即今天的江苏镇江，在那里筑了梦溪园，并开始写作《梦溪笔谈》。

说起梦溪园，也是有一段故事的。沈括自己说是在30岁左右时曾做梦梦见一处小山，"花木如覆锦，山之下有水，澄澈极目，而乔木翳其上"，于是"梦中乐之，将谋居焉"。这当然只是个说法，也是古代文人一贯的做法，通过"托梦"来使行为合法化，不过这只是沈括的个人梦想，并不是国家行为，何况凡是涉及梦的，多数还是有人生如梦的喻义的。当然也有人认为他的梦溪园是缘于他对故乡苕溪的怀念。但不管怎么解释"梦溪"，由此诞生了一部伟大的著作并因此而命名，这是没有错的，这部著作即《梦溪笔谈》。

沈括写《梦溪笔谈》，不仅仅是撰著，而是一边旁征博引，一边还在不断地求证。比如对指南针，他就反复实验，发现指南针指的其实不是正南，而是有点偏东，这就是物理学中出现的磁偏角。他的这一发现，比哥伦布发现磁偏角现象早了400多年。

〔宋〕沈括《梦溪笔谈》（明汲古阁刊本）书影

沈括还是中国第一个提出"石油"这一名称的人，并预言"此物后必大行于世"。他这个预言不只是根据史籍，而是实地考察后提出的，他在陕西就发现了石油，当地人叫"脂水"，用来烧烟制墨。

今天来看《梦溪笔谈》，它实际上是一部笔记体著作，中国的文章，除了诗词和小说之外，有很大一部分皆是笔记体，即使是小说，比如志怪一类的，也多用笔记体。笔记体的特点之一就是形式比较自由，它不是专门的考据文章。一般人认为宋代有三部有名的笔记体作品，除了沈括的这一部，另外两部分别是洪迈的《容斋随笔》和王应麟的《困学纪闻》。洪迈的《容斋随笔》很有名，但事实上在清朝人那里，反倒是《困学纪闻》更受重视，原因是它在经史考据方面比较正统。而这两部跟《梦溪笔谈》相比，则不可相提并论，因为沈括的这一部，相当于是笔记体的百科全书，内含天文、数学、物理、化学、生物、地质、音乐等各方面的内容。

《梦溪笔谈》全书609条，书中按故事、辩证、乐律、象数、人事、官政、权智、艺文、书画、技艺、器用、神奇、异事（异疾附）、谬误（谲诈附）、讥谑、杂志、药议17目来展开的。而按照现代科学的分类，涉及自然科学方面的有天文、历法、气象、地质、矿物、地理及制图学、物理、化学、工程学、冶金、工艺技术、水利工程、建筑、生物、农学、医药等，这完全是前无古人的，由此也可以将它看作是北宋科学技术上的一座高峰。而在社会科学方面，沈括也颇有专攻，其中涉猎的有文学、史学、考古、音乐、美术等。

沈括是公认的北宋时期杰出的科学家，《宋史》上说他："博学善文，于天文、方志、律历、音乐、医药、卜算，无所不通。"他主要的贡献在数学、物理、天文学、地质学、生物学等方面。《梦溪笔谈》并不是一部通俗易懂的著作，今人即使借助于注解，大多也还是看不懂的。比如讲数学的"隙积术"和"会圆术"，绝大多数人是看不懂的，由此沈括也被日本著名数学家三上义夫誉为"中国数学家的模范人物"。

沈括在物理上的贡献除了前面提到的磁学方面之外，对光学也颇有研究。他通过实验观察，对小孔成像、凹面镜成像等原理作了准确而生动的描述。透光镜结构示意图中，他用"碍"（焦点）的概念指出了光的直线传播、凹面镜成像的规律，并把光通过"碍"成像称为格术，即现代光学中的等角空间变换关系。这一研究的对象其实就是铜镜，即古代的镜子。铜镜曾在杭州的老和山和岳王路等处皆有发现。沈括还指出古代的铜镜制造师已经掌握了凸面镜成像的规律。

其实沈括的贡献不仅在于自然科学方面，在政治、经济和艺文等方面同样有着巨大的贡献，而且有些还是他亲力亲为的。比如他对唐宋的制度史颇有研究，最有名的就是《南郊式》，是讲郊祀的，主要涉及典制、仪制和法令等方面。同时沈括对宋代的财政史也颇有心得，这跟他的经历有关，《梦溪笔谈》中就有不少文字涉及盐法、茶法等，为后人的研究提供了第一手资料。在"本朝茶法"一条中，他先是讲了朝廷禁私卖茶之事，如不遵守则从重处罚，后来则允许商人到茶园里收茶，但须缴茶税，再后来则有各种缴纳的方法，说到底是"计划"和"市场"的较量，有时官府只能收到劣质的茶叶，最后则又开了茶禁。

沈括在天文历法、地图学、考古学方面也有很大的成就。元祐二年（1087），他历经十二年不懈努力，终于完成了奉旨编绘的《天下郡县图》，其图幅之大、内容之详，前所罕见。全套地图共有20幅，包括全国总图和各地区分图，比例为一比九十万。在制图方法上，沈括提出分率、准望、互融、傍验、高下、方斜、迂直等方法，并按方域划分出"二十四至"，从而大大提高了地图的科学性。可惜南宋战乱频发，此图竟毁于战火之中，成为千古憾事。

沈括视察河北边防的时候，还曾经把所考察的山川、道路和地形，在木板上制成立体地理模型，呈现给神宗看。这是中国地图史上有关木质地形图的第一次明确记载，比瑞士18世纪出现的地理模型图早700年。

更为重要的是，沈括还十分重视技艺的记录，这在今天看来其实也是属于工匠技术的一部分。特别是他对毕昇活字印刷术的描述，那是开创性的，这一段记载，后来也选入了初中语文课本。

事实上在唐宋时期，杭州就是全国雕版印刷的中心，出版业非常发达。王国维在《两浙古刊本考》中说到北宋的"监本刊在杭者,殆属大半",但是雕版印刷人工成本太高,这个时候布衣出身的毕昇,通过反复钻研,刻制一个个的单字,就是我们所说的"活字",这些活字可以反复使用。毕昇用胶泥刻字,虽然比较原始,但跟现代的铅字排印的原理是一样的。这样一种印刷术,史称活字印刷。而这一切都发生在当年的文化之都杭州,它比德国谷登堡创造的铅合金活字印刷要早400年。

毕昇的活字印刷术,是中国古代四大发明之一,公元13世纪以后,活字印刷术传到海外,对人类文明和文化事业的发展,起到了不可估量的积极作用。

同样,沈括还记录了杭州梵天寺木塔的秘密,也记录了"宋代木工第一人"喻皓的《木经》,这些在同时代的著作中都是极少见到的。

从今天阅读的趣味上来说,《梦溪笔谈》中的"杂志"部分是最具可读性且最容易成为谈资的。"杂志"

沈括墓

实际上也是没法归类的那一种，更接近于传统的笔记体。今天我们在谈论的"石油""雁荡山""炼铜"以及茶芽中的"雀舌"的说法皆出自《梦溪笔谈·杂志》。

鉴于沈括在中国科学史上的伟大成就，1979年，中国科学院紫金山天文台将1964年发现的一颗2027号小行星命名为"沈括星"。

绍圣二年（1095），沈括去世，死后归葬于杭州。据万历《钱塘县志》和《杭县志稿》等文献记载，沈括墓位于余杭安溪太平山下。安溪目前隶属于良渚街道，良渚曾是个江南水乡，是世界文化遗产所在地。1983年，余杭县在做文物普查时发现了沈括墓。墓穴由砖砌而成，内有北宋青瓷花碗及熙宁、元丰、元祐钱币；墓穴南30米为两尊石翁仲，一倒一立，手执笏，但头部已被毁；另有墓道、墓碑。

2001年9月，沈括墓完成第一期修缮工程，重建了坟墓，立了墓碑，铺设墓道，除原翁仲外，增设了石马、石羊等设施。沈括墓于2009年被列为杭州市市级文物保护单位。

洪昇：长生殿上说兴亡

在杭州西溪，有一个著名的国家湿地公园，公园靠近访溪路那边有一个地方叫洪园，洪园里有一个洪昇纪念馆。西溪湿地风光秀丽，一派江南风情，入夜时分进洪园，不时能听到弦乐笙歌，那舞台上上演着的折子戏，传来了"在天愿为比翼鸟，在地愿为连理枝"的唱词。是的，此地此景，此夜此情，人入戏境，戏乃真景。是的，相传洪氏家族曾久居西溪一带，洪昇（1645—1704）是清代著名的戏曲作家，字昉思，号稗畦（一作稗村），又号南屏樵者，钱塘（今浙江杭州）人。他以一出《长生殿》千古留名，与《桃花扇》作者孔尚任史称"南洪北孔"。洪昇生在杭州，《长生殿》又在杭州创作诞生，可以说这是杭州最为重要的 IP。

洪家是杭州的名门望族，洪昇纪念馆里，光是阅读洪氏家谱，就得记住一些必记的名字。洪昇的远祖，一直可以追溯到南宋的洪皓及"三洪"（即洪适、洪遵、洪迈）那里，人称"三洪学士之世胄，累叶清华"。洪氏世籍江西鄱阳，相传从洪皓开始赐第于钱塘西湖之葛岭。到元朝，洪昇的祖先曾避乱于浙江上虞，直到元末明初才返归钱塘，开始了洪家自南宋以来的又一个黄金时代。从洪昇的六世祖洪钟以后，洪家深受朱明王朝的恩宠，从此，洪氏家族在杭州的声望也更大了。六世祖洪钟是进士出身，官至太子太保、刑部尚书兼都察院左都御史。洪钟的长子洪澄官至中书舍人，舍人是记载皇帝言行的官职，替皇帝掌传宣诏命；次子洪涛是南京都察院右都御使。洪澄之子洪椿，曾任福建政和县知县，以子赠都察院右都御史，洪椿就是洪昇的高祖。至于洪昇的曾祖、祖父和父亲的情况，学界看法分歧较大，目前尚没有一个较为统一的说法，但可以肯定都是读书做官之人。

洪昇的母亲黄氏，亦是钱塘人，其外祖父黄机，康熙年间（1662—1722）官至文华殿大学士兼吏部尚书，因此洪黄联姻，也是门当户对。

由此看钱塘洪家是个文学世家。洪昇的老师毛先舒曾赞美洪家"子家素号学海，书籍拥专城"。远祖洪皓及子"三洪学士"的博学，六世祖洪钟的以诗酒为乐；钟弟的"诗文楷法俱超绝"。这样的基因遗传，这样的文学氛围，想来都给洪昇提供了极好的滋养。至于祖父辈洪吉臣的富于著作，洪昇父亲的好读书和善谈论。族叔润孙的"以博雅擅名"，这些都是人们所说的洪家"学海"的一部分。

但是有一点我们要注意，洪家的声望和荣耀是从南宋开始，到了明代而进入鼎盛时期，而到了洪昇出生的时候，已经是清朝的顺治二年（1645），用他自己的话来说就是"家室多故""一身多难"，而用他朋友的话来说是"高才不偶""布衣终老"。洪昇虽不以明朝遗民自况，但内心深处肯定还留恋在前朝往事中，而且他的老师也都是当时有名的遗老，如陆繁弨、毛先舒、朱之京等。洪昇从10岁开始，就受业于这些著名的明代遗民学者，所以他的思想脉络一方面是正统的儒家学说，另一方面又有切身的家国兴亡之感，这对他之后创作《长生殿》产生过极大的影响。

相传洪昇自小聪颖过人，15岁时便能"鸣笔为诗，覃思作者古今得失，具有考镜"。到了20岁时便有许多诗文词曲的创作。20岁生日的那一天，他在杭州和表妹黄兰次结为夫妻，不久又恰逢七夕佳节，他写下了《七夕时新婚后》一诗，表露幸福之情：

忆昔同衾未有期，逢秋愁说渡河时。
从今闺阁长携手，翻笑双星惯别离。

此诗前两句的句式显然脱胎于李商隐的"君问归期未有期，巴山夜雨涨秋池"。

不过好景不长，24岁时洪昇开始了北漂生涯，去北京国子监读书（肄业）。去的时候想法还是很简单的，就是想由科举而走上仕途。第二年他在太学还见到了康熙皇帝，由此写了三首颂圣之作。这个阶段的洪昇，一方面初入京城，难免有点诚惶诚恐，另一方面又有名士的护佑，所以他便也诗名日盛。前辈对他也多有期盼，特别是他的老师王士禛，希望他努力做一个朝廷需要的"雅颂手"，他的外祖父黄机也希望洪昇能担负起"歌咏功德"的大任以光宗耀祖。但是事与愿违，洪昇后来在京城竟然一事无成，当了二十多年的太学生，并没有谋得一官半职。这到底是什么原因呢？是交友不慎，还是得罪了权贵，或是失去了进取心？

原因当然是多方面的。

洪昇在京城看到了更多的官场黑暗，看到了统治者对知识分子、读书人的钳制和打压，也看到了社会的种种阴暗面，这就让他于心不忍再去做"雅颂手"了。这个时期他写了不少以"杂感"为题的诗，思想有了一个大的转折，不再替朝廷歌功颂德，包括后来在其诗集《稗畦集》中也见不到他早期的那三首献给皇上的颂圣之作。

那个阶段，洪昇虽说常年客居北京，但因为家在杭州，还是会经常奔波于京杭两地，并从这两地出发行迹四方。这就不只是游山玩水而已，而是由此了解了更多的民间疾苦。读书人看到了社会的真相，同时因凭吊名胜古迹等产生了故国之思，于是他写下了"不睹江山奇，谁知天地大"。渐渐地，洪昇对官场失去了兴趣，一是他的见闻决定了他的思想行为，二是他也可能真的并不擅长与人交际，尤其是跟官场交际。

当然，在洪昇的生平事略中，人们时常会提到一个

西溪洪园

词——家难,这个"家难"对洪昇的生活和创作产生了重大的影响。这个"家难"到底是怎么一回事情呢?因为他自己也多是语焉不详,同时代和后人的记述和考证也非常有限,有的说法也没有充分的证据,所以我们也只能概略地叙述。

这"家难"主要来自两个方面:一是来自外部的政治影响;二是来自家庭内部。

所谓来自外部的政治影响,是指清统治确立之后,洪家受到了排挤和迫害,但这到底是泛指洪氏家族还是仅指洪昇这一家,仍然是语焉不详。不过洪昇自己在诗中也说到过,诸如"三载无家抛骨肉,一身多难远庭帏",也有"国殇与家难,一夜百端忧"之说,但因为都是诗句,说得还是比较笼统的。至于说来自家庭内部,现在只知道在洪昇二十多岁婚后的一段时间里,他还是待在家里"啃老",结果被父亲逐出家门,这个大约是"家难"的一个具体内容,因为"啃老"也非他本人所愿,而且洪昇又很想做孝子。不过也有人认为他一开始创作的《长生殿》在京城遭到禁演也是一桩"家难",这就大大拓展了"家难"的外延。

中年之后,大约是47岁的时候,因为一事无成,洪昇从北京回到了杭州定居,他的朋友李孚青称他"读书徒尔夸充栋,依然不可救饥冻"。也就是说他去北京时是一介布衣,20多年过去之后,他依然是一介布衣,但性格却发生了极大的变化,他变得落拓不羁,疏狂放浪。此时的他已经因《长生殿》成为名士,他的老师、年过八旬的尤侗在为《长生殿》所作的序中说:"洪子既归,放浪西湖之上,吴越好事者闻而慕之,重合伶伦,醵钱请观焉。洪子狂态复发,解衣箕踞,纵饮如故。"

从以上这段文字大约可看出洪昇回到杭州之后的生活常态，他成天和朋友们豪饮，放浪形骸，似乎把人间的烦恼都抛到了九霄云外。

而孙凤仪则说他是"吴山顶上逢高士，广席当头坐一人"，俨然文坛泰斗之势。这个时候的洪昇因《长生殿》而名满江南，江宁织造曹寅，也就是曹雪芹的祖父曾邀请洪昇到南京观戏，曹家竟连演《长生殿》三个昼夜，洪昇尽情地欣赏了《长生殿》的全本演出。

洪昇最大的成就是创作了《长生殿》，这是他近二十年磨一剑的结果。关于此剧的创作过程，洪昇自己在《长生殿·例言》中有了较为详细的说明，是说有一天与友人严定隅（余杭监生）在杭州皋园（今天金衙庄一带，时有著名的私家园林），"谈及开元、天宝间事，偶感李白之遇，作《沉香亭》传奇"。注意，这是洪昇的第一稿，大约在康熙十二年（1673）写于杭州，剧中尚有诗人李白这个人物，诗人就是引子式的人物。"寻亡友毛玉斯谓排场近熟，因去李白，入李泌辅肃宗中兴，更名《舞霓裳》"。这就是康熙十八年（1679）左右写的第二稿，诗人李白的戏删掉了，加进了历史和政治。到康熙二十七年（1688）第三次修改，找到了戏剧的主线，着重写唐明皇和杨贵妃的"钗盒情缘"，遂定名为《长生殿》。

《长生殿》长达五十出，其剧情梗概，洪昇在第一出的《传概》中用一首"沁园春"的词讲明了大概，其词如下：

> 天宝明皇，玉环妃子，宿缘正当。自华清赐浴，初承恩泽，长生乞巧，永订盟香。妙舞新成，清歌未了，鼙鼓喧阗起范阳。马嵬驿、六军不发，断送红妆。
> 西川巡幸堪伤，奈地下人间两渺茫。幸游魂悔罪，

已登仙籍。回銮改葬，只剩香囊。证合天孙，情传羽客，钿盒金钗重寄将。月宫会，霓裳遗事，流播词场。

由《长生殿》我们会想到白居易的《长恨歌》，洪昇自己在《例言》中也说道："史载杨妃多污乱事，余撰此剧，止按白居易《长恨歌》、陈鸿《长恨歌传》为之。"《长恨歌》是叙事长诗，《长生殿》是传奇小说。现在的读者虽然不太熟悉，但鲁迅先生在《中国小说史略》中已提到过这本书并给予高度评价，他说："杨妃故事，唐人本所乐道；然鲜有条贯秩然如此传者，又得白居易作歌，故特为世间所知。清洪昇撰《长生殿》传奇，即本此传及歌意也。"鲁迅先生的这一论断，点明了洪昇的《长生殿》和那两部作品的关系。

当然，唐明皇和杨贵妃的故事，是有很多代作家都写过的，至少是唐、宋、元、明四代作家写过，包括清朝也仍有作家在写这一题材，可见这个题材是人们所喜闻乐见的，它充满了人间的戏剧要素。值得一提的是元代的著名剧作家关汉卿和白朴也都写过他们的故事，后者就是《梧桐雨》，也很是著名。不过大量传奇和杂剧中的唐、杨故事，都是缺乏新意的，基本是红颜祸水的套路，而且将杨贵妃写得很污，以突出其祸。在那些文人的笔下，杨贵妃虽然很媚，但越媚越祸，而洪昇则是决心"凡史家秽语，概削不书"。洪昇想表达什么呢？就是要借离合之情，写兴亡之感。这就明显高出了好几个层次。剧作的前半部用比较浪漫主义的笔调再现了历史以及历史人物的性格，它又非常真实地展现了宫廷生活的一面，揭示了安史之乱发生的原因；它的下半部分虽然不乏现实主义的描写，但整个基调却又是浪漫主义的，即有一点民间流传着的神话般的传说：所以它的"言情"是情之深、情之切，也有情之悔。但作者显然不满足于写儿女情长，以满足一般观众的心理，而是要借剧

第五辑 千古风流

张大千《长生殿》

写出兴亡之感，借唐明皇和杨贵妃的生死离别来写出自己的"国殇与家难"，也是写出那个乱世中无数人的"国殇与家难"，这才是此剧最为成功的地方。

《长生殿》从创作到演出，都历经了波折，其中第二稿《舞霓裳》问世之后，就已经搬上舞台演出了，但反响平平，而第三稿《长生殿》一经问世，梨园争相上演，说是歌楼舞榭已经是非演此曲不可了。在《长生殿》问世的第二年，即康熙二十八年（1689）八月，洪昇邀京城名士观看此剧，没想到却引来轩然大波。因为佟皇后上个月刚去世，那个时期还是国丧期间，于是有人上奏了一本告洪昇等人的"大不敬"，结果洪昇被逮至刑部的监狱，革去国子监监生的资格，其他观看者中有官职的一律免职。这其中就有刚中进士的赵执信，他也因此被革职，从此再也没有被录用，这就是所谓的"可怜一夜长生殿，断送功名到白头"，这其实就是清文字狱的另一种表现形式。当然洪昇后来很快没事了，只是经历此事之后，他对京城生活彻底绝望了。其实统治者也看出了《长生殿》的言外之意，表面在批判和指责唐明皇的误国，实际上还是在讽喻清朝统治者。虽然从今天来看它是个历史剧，但《大清高宗纯皇帝实录》中记载了一道乾隆的口谕，其中有一段是这样说的："有关涉本朝字句，自当一体饬查。"这就是统治者审剧的标准和尺度。而在"饬查"过程中，"有应删改及抽掣者，务为斟酌妥办"。显然他们也注意到了方式方法："但须不动声色，不可稍涉张皇。"

而在洪昇回到杭州定居之后，《长生殿》却被解禁了，也没有正式文件，或许在北京的禁演是撞到枪口上了，而杭州或者说南方相对来说自由度比较大。先是剧本正式刊印，这就引得不少名流给此剧写序题词，后来又先后在苏州、杭州、松江等地演出，还在南京由曹寅主持举行了盛况空前的演出，要知道曹寅是深受康熙皇帝宠幸的，曹寅请洪昇出席并观看演出，说明政治上已经没有问题了。

洪昇其他的剧作还有杂剧《四婵娟》，一般人认为是仿明代徐渭之《四声猿》的。《四婵娟》写四位才女的故事，这四位才女是晋代的谢道韫、晋代的卫夫人、宋代的李清照、元代的管仲姬。这是歌颂女性的，通过此剧，他把古往今来的夫妻分为四种类型，即美满夫妻、恩爱夫妻、生死夫妻和离合夫妻，而作者最羡慕的是李清照和赵明诚的"美满夫妻"。

除了剧作家的身份之外，洪昇还是一个著名的诗人，袁枚曾经评价过汤显祖的《牡丹亭》，认为与《长生殿》是各有千秋，但是如果要说诗才，汤比洪要低了一个段位。当然这只是一种说法，并没有贬汤的意思，只是说洪的诗也达到了那个时代的最高峰。浙西词派的开山祖朱彝尊曾如此评价："海内诗家洪玉父，禁中乐府柳屯田。"沈德潜则称洪昇的诗是"疏澹成家"。

因为《长生殿》的巨大成功，洪昇虽然仍是一介布衣，但完全可以凭此剧而锦衣玉食了，至少可以衣食无忧了吧，然而悲剧却一直如影随形。就在去南京参加曹寅组织的狂欢派对之后，在从南京返回杭州的途中，船行至乌镇段的运河中时，洪昇因喝醉酒而失足，不幸溺水而亡。传闻当时是他的老跟班先跌入水中，洪昇是要去救他，但醉酒之后的他已经力不从心，结果两人都淹死在河里。这一年洪昇 60 岁。曾有诗人如此凭吊过他："失足久无人济溺，招魂剩有鬼还乡。"这命运、这结局似乎比杨贵妃还要悲惨。

最后要补充一点最新谈资，杭州因国家西溪湿地公园的打造而为洪昇建了纪念馆；又因为洪昇的身世和名声，以及西溪湿地的某些特征与《红楼梦》的某些场景有相似之处，于是近年有人提出《红楼梦》的作者不是曹雪芹而是洪昇，西溪湿地才是《红楼梦》故事的发生地之一。杭州也为此开过几次会议，这当然仅仅是一家之言，备此一说吧。一切都还有待发现和考证，一切都将上演和正在上演。

李渔：湖上笠翁图画中

李渔（1611—1680），字笠鸿、谪凡，号笠翁，初名仙侣，别号湖上笠翁等，浙江兰溪人，生活在明末清初的朝代更迭之际。他在杭州生活十数年，先是在这里获得了人生的第一桶金，写下了诸多重要的有影响力的作品。在经历了人生的诸多挫折变化之后，他晚年又寓居杭州西湖旁，在云居山建筑层园并终老于此，所以他自号"湖上笠翁"，并自题对联云：

繁冗驱人，旧业尽抛尘市里；
湖山招我，全家移入画图中。

从这对联看，他对杭州的生活是颇为自得的，"湖上笠翁"的自号应该是符合他的理想状态的。同时，他也为杭州留下了丰富的文化遗产，因为李渔事业的起点和终点都是在杭州。

李渔于明万历三十九年（1611）生于江苏如皋，因他父亲和伯父在那里做药材生意，当时兰溪一带多有在外经营药材的。李渔自小聪慧，不是只关在书斋里读书的那种孩子，自小喜欢由伯父带着他外出行医卖药，因此见多识广，颇懂人情世故，这为他后来的写作积累了不少的素材。在他19岁那年,父亲病故,再加上当时规定参加科举考试必须要回老家,因而他可能当年回到了兰溪。在他25岁那年,即明崇祯八年(1635),其赴金华参加童生试,以优异的成绩考中了秀才。崇祯十年(1637),他就进入金华府学攻读举业,准备参加乡试。崇祯十二年(1639),到杭州参加乡试,不料名落孙山,为此他愤愤不平。当时的乡试是三年一次,他好不容易迎来了崇祯十五年(1642)那一次乡试,还是到省城杭州,然而这一次他运气更差,半路上就遇到兵乱,道路被封了,所以他只好回到老家。从此,他便告别了科举考试,两年之后的崇祯十七年(1644),随着崇祯皇帝在煤山的上吊自尽,明朝也就宣告灭亡了。后期虽有局部的抵抗,但终究改变不了大势。李渔目睹了改朝换代的战乱情形,也曾在金华短暂地做过幕僚,之后便不想再出仕做官,选择了归隐田园,在老家筑伊山别业,过上了一种养花种草、与人吟诗唱和的生活。李渔还当过村里的祠堂总理,做了不少有益于乡村治理的事情。对于那样一种生活状态,他曾写下了《我爱江村晚》的组诗,表达了自己的心态,现择其三、其六:

>我爱江村晚,家家酿白云。
>对门无所见,鸡犬自相闻。

>我爱江村晚,门无显者车。
>道旁沽酒伴,什九是樵渔。

不过这样的日子并非是李渔的本意,其实他也并不擅长田圃生活,要以此养家糊口显然是不行的,所以他还是想用自己的才学来谋生。顺治七年(1650),他便移居省城杭州,住在武林门外,开始了他的"卖赋以糊其口"的生涯。当时的杭州文化娱乐业发达,这其中包括了印刷、出版和演艺的兴旺,李渔由此开始了戏曲和小说的创作。这是他糊口谋生的两个手段，后来的事实也证明，这是他做得极为成功的两个强项。

据不完全统计，李渔在杭州写作出版的作品有《怜香伴》《风筝误》《意中缘》《玉搔头》等传奇（戏剧作品），以及《无声戏》《十二楼》等小说，一时洛阳纸贵。这是因为李渔与时俱进，在写作时就考虑到了读者和市场的需求，而且在题材和内容上敢于创新，写前人未写之题材，比如像《怜香伴》，写的是两位女同性恋者的故事，这在当时也是惊世骇俗的。同时，他在杭州又广交文友，与时称"西泠十子"的文人墨客相互唱和。"西泠十子"中的丁澎后来为李渔的诗集作过序，序中这样说道：

> 李子家贫，好著书，凡书序、传记、史断、杂说、碑铭、论赞，以及诗赋、填词、歌曲不下数十种。其匠心独造，无常师，善持论，不屑屑依附古人成说，

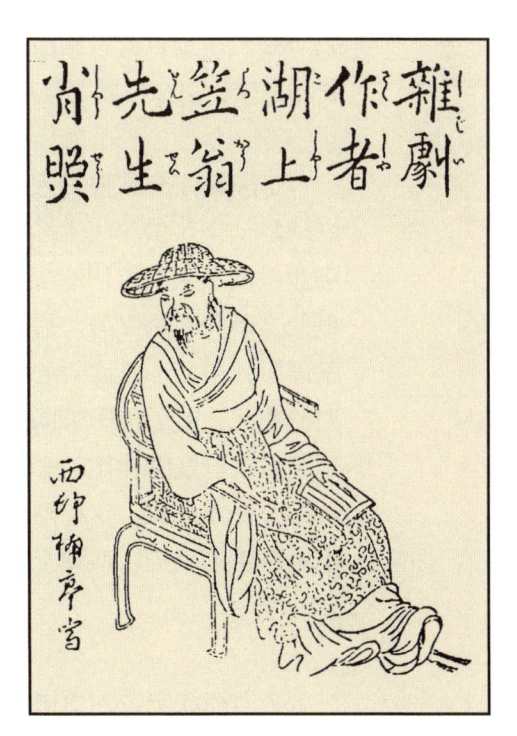

李渔像

以此名动公卿间。

丁澎的文字道出了李渔的两个特点：一是什么都写，是多面手；二是他所写的传奇和故事构思奇巧且有创新。李渔除了自己创作之外，也开始涉足编辑出版，他当时编辑整理了一本类似名人书信集的书《尺牍初征》。此书出版后，市场反响热烈，由此他也在杭州站稳了脚跟。这不仅是"砚田糊口"的成功，同时也让他在文坛获得了声誉。

但是李渔为什么在康熙元年（1662）去了江宁（今南京）生活了呢？

当时江宁的文娱出版业更为繁荣发达，尤其是江宁的刻书印刷业特别发达。据说李渔的书在市场上销得太好，所以江宁不时有他的盗版书出来，他知道之后，就时不时地要去江宁打击盗版行为。当时从杭州到江宁一去一来至少要六天，到最后是烦不胜烦，于是他就决定移居江宁，直接占领制高点。

李渔在江宁做得最大的一件事就是造起了芥子园，这既是一个可供居住生活的房子，就像他在老家的伊山别业以及后来在杭州的层园，更为重要的是，芥子园又是他文创的一个品牌，最著名的就是他出版的《芥子园画谱》，包括《笠翁对韵》等，其实都是属于同一个类型的作品，对后世影响颇大，尤其对儿童学诗学画，起到了开蒙普及的作用。李渔在那个时期还点评了一些名著，如《金瓶梅》等，这都是他从事出版的一种策略和手段，也是谋生的高招，客观上也为当时出版事业的兴旺添了薪助了火。

李渔在江宁做的更重要的一件事情是组织了家庭戏

班子。如果说出版是坐地收金，那戏班子就是属于巡演收金。当然在业内也另有一个说法，那就叫"打抽风"，又叫"打秋风"，即他的戏班子经常受邀去权贵或大商人家里演戏，以此联络感情、建立关系，并从中获得好处。这一段戏班子生涯，也是李渔一生最遭诟病之处。不过在戏班子生涯中，他又留下了佳话，就是他跟乔姬和王姬的故事。

李渔在戏班子中是一人身兼数职，既是编剧、导演，也是老板、出品人，当然他自己也是经纪人。他精通戏曲，既会编故事，又会教人演戏。他的那部《闲情偶寄》，其中词曲部、声容部等章节，就有教演员如何演戏的内容。李渔重视戏剧的社会作用，把戏剧提到文学作品地位上，认为"填词（指戏剧创作）非末技，乃与史传诗文同源而异派者也"。这在当时来说是有一定眼光和气魄的，同时也说明戏剧在当时已经很有市场了。

作为一名有舞台实践经验的作家，李渔在剧本结构上提出"立主脑""脱窠臼""密针线""减头绪""戒荒唐"，在唱词上提出"贵显浅""重机趣""戒浮泛""忌填塞"，在戏剧的对话上提出"声务铿锵""语求肖似""意取尖新""少用方言""戒淫亵""忌俗恶"，在演出方面提出"缩长为短""变旧成新""锣鼓忌杂""吹合宜低"。所有这一切关于戏剧的理论，皆是经验之谈，又颇多真知灼见，特别是他对于戏曲的语言方面，主张要通俗易懂、不宜太深。他说："传奇不比文章，文章做与读书人看，故不怪其深。戏文做与读书人与不读书人同看，又与不读书之妇人小儿同看，故贵浅不贵深。"所以他要做到"意深词浅，全无一毫书本气"。这样的理论见解应该说是抓住了戏曲的特点，因为这是为观众而写，为观众而演的。当然，由于时代的演变及语言的变化，李渔当年那些颇为通俗的对白与唱词，在我们今天看来也已经是很文绉绉了。

李渔的剧本和理论是中国戏剧史上的一座丰碑，李渔至少是可以和汤显祖、洪昇齐名的戏剧大家，今天的不少剧团都还在上演他的剧目，可以说是三百多年来长演不衰，这也是他带给我们的文化遗产。

而人们更愿意谈起的是关于李渔的一段佳话，即他和乔姬、王姬之间的故事。

据《李渔年谱》载，乔姬和王姬是他人相赠的。乔姬来自山西，是扮演旦的；王姬来自甘肃，是扮演生的。乔姬和王姬来的时候都是 13 岁。

据说对乔姬的发现也是偶然的，乔姬一开始进入李渔的视野就是一普通小姑娘，只是有一次见她看戏很是入迷，李老师便问她了，她说她很喜欢看戏，而且说一个月之内可以把唱词都学会，这便让李渔大感兴趣。因为这是一个山西女子呀，而当时戏班子演的是南方戏，具体说来应该是昆曲一类的，这咿咿呀呀的发音显然不同于晋腔。李渔的厉害之处在于发现和调教，他看出了乔姬身上的潜质，于是便做了试验，结果当然是试验成功，乔姬是天生的旦角。然后李渔又发现了王姬，既有旦，必有生，于是整个戏班子便有了这两个台柱子。

看了乔姬和王姬的表演，当时诸多的文人留下了文字记述他们的感受，如古文学家周亮工就感慨："乔王二姬，真尤物也，舞态歌容，当世鲜二。"注意，这位周先生也是一名高官，两淮盐法道也。

对于乔姬和王姬的美艳和演技，旁人的惊叹是有道理的，但那也只是惊叹而已。事实上这里也还有文化差异的审美因素。你想想，李渔和江南的一些达官贵人平时接触的都是一些江南女子，水一样的柔情，同样也是水一样的细肠子，她们的一笑一颦李渔早已是熟悉得不能再熟悉了，所以他会从北方带回两个宝来，她们的性格做派，很可能跟江南的莺莺燕燕是大相迥异的。

现在人们不知道李渔是用什么办法调教乔、王二姬的，如果是在今天，他一定是娱乐业的大亨了，而在当年，李渔的另一个角色便是书商，他写、印、刻、卖一条龙服务，形成了生财的产业链，且从源头一直做到销售终端。而他的家庭剧团一方面是可以演他自己写的新戏，另一方面可以通过这样一种送戏上门及巡演的方式，搭上他的一些投机生意。每当他的船队出去巡演，船上装着的不仅仅是人员和舞台设备，还有大量的货物，所以说那个时代里，李渔早就是文人下海了，或者说他一直就是在海里并从中渔利。

最后要说的是乔姬和王姬的命运。李渔自然是格外宠着她们的，也把乔姬和王姬收为小妾，但是正所谓红颜薄命，这一句宿命的话语也没有放过乔姬和王姬。先是乔姬，在巡演的途中病倒了，红扑扑的脸却一点也不像生病的样子，躺在床上反倒显得有些娇慵病态之美。可是生命的夜航船没能行驶多远，好像突然吹来一股邪风，那一点烛火说灭就灭了，乔姬二十岁不到就走了。当时哭得最伤心的除了李渔，还有就是亲如姐妹的王姬。

接下去就轮到王姬了，比起乔姬来，她似乎要显得幸福一点，因为她曾经告诉李渔，她可能怀孕了，李渔听到这个消息，无疑比创作了又一出新戏更为高兴，因为那一年他已经63岁了。老年如能得子，且又是王姬所生，那还有什么比这更可安慰人的呢？然而命运弄人啊，用现在的观点看来，当王姬腹部渐渐隆起之时，她怀着的不是一个孩子，而很可能就是一个恶性肿瘤。就在上一年乔姬生病之时，李渔曾亲自给乔姬诊病开药方，而这一回他是完全束手无策了，因为凭他这位老导演的经验，他也不知道该开什么药方了，何况此前他并没有把乔姬治好。那时没有 CT，当然也无西式的外科手术，所以对于王姬的病只能是睁着眼祈盼上天了，各种药都试了，最后还是回天无力。

乔姬和王姬，李渔亲自调教的两位女演员，最后大幕拉上之时，乃是白发送红颜，这等于是李渔用生命和情感创作的两出悲剧。

所谓天下没有不散的宴席，李渔的戏班子随着乔、王二姬的离去而渐渐萧条和没落。这个时候，李渔心里只有一个梦想，就是要回到他出发的地方，回到湖山兼美的杭州。李渔于康熙十六年（1677）回到杭州定居，并开始营建层园，但这个时候他的财力、体力和人脉关系已经大不如前了。

据陈吟泉 1957 年《杭州日报》上的文章称："李渔的别墅'层园'在杭州云居山东麓。从清波门的铁冶岭向东南走，或从万松岭过清平山向西北走，都可到云居山。云居山原名金地山，后因建云居寺，遂以寺名山。只可惜三百年前的'层园'，到今天连一点踪迹也找不到了。只在《西湖新志》人物篇的"李渔"条下有这样记载：'……筑芥子园（有误，李在金陵的别业曰芥子园，应为层园）于铁冶岭上，凡门扇、窗牖、扁额、对联皆独出新意，即起居服用之物亦多异寻常。'"

这里透露出三条信息：一是李渔的层园是在杭州的铁冶岭上；二是今天已经毫无踪迹了；三是室内装饰皆有新意。从第一点可以看出他的层园就是类似于今天的湖景房，从第三点可以看出他的美学趣味，在《闲情偶记》中他对居住装潢也有专篇论述。

李渔还写过不少吟咏西湖的诗词，如《雪后泛湖》："轻舠犯冷入冰壶，仿佛名人雪后图。若使看山须待暖，画船多处失西湖。"还有谒岳墓的诗："酒浇红泪千年血，诗慰丹心万古愁。"

李渔在《笠翁对韵》里对西湖的人和物多有提及，为对韵作了许多范例，如："疏影暗香和靖孤山梅蕊放；轻阴清昼渊明旧宅柳条舒。"

李渔之所以能写出这样绝妙的诗句和对联，就在于他对杭州和西湖深切的爱，这里不仅有对湖山美景的迷恋，更有着对人文历史的欣赏，所以他在晚年要从江宁移居杭州并终老于此。

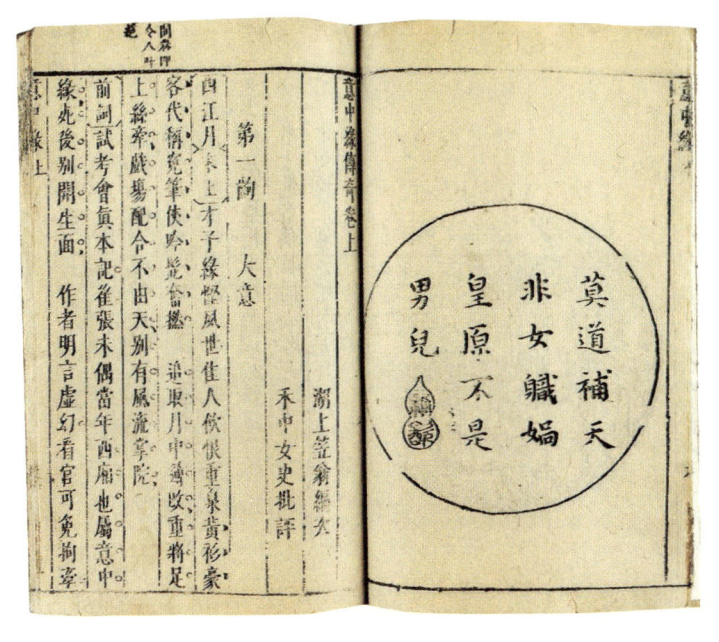

〔清〕李渔《意中缘》书影

也是据陈吟泉的文章所载，李渔在康熙十九年（1680）在杭州去世后，埋骨"方家峪九曜山之阳"。梁绍壬《两般秋雨盦随笔》中的"李笠翁墓"条说："笠翁晚年卜筑于杭州云居山东麓，缘山构屋，名曰'层园'。卒，葬于方家峪九曜山之阳。钱唐令梁允植题其碣曰：'湖上笠翁之墓。'日久就圮，仁和赵宽夫（坦）命守冢人沈德昭修筑之，复树故碣，且俾为券藏于家，可谓风雅好事者矣。"

陈吟泉在文中提到自己曾去方家峪九曜山寻找李渔的墓、碣。"方家峪是在南屏、九曜、玉皇诸山环抱之中的一片平原，前面靠近西湖，就是现在西湖小学、海军疗养院进内直到莲花峰石料厂，据志书上说，昔为焚厝之场……就在石料厂内食堂边的石砌水池中发现了一块青石墓碑。下截埋在土里，高120公分许，阔14公分，厚11公分，上边两角呈圆形，中刻大字'清故笠翁李公之墓'，右题小字两行，还可以辨认出'公讳渔，行九，海内知名士也'以及'梁公建碑''因重刊石以记'等等字迹。左边题款'乾隆丙戌年寒食日兰溪侄孙春芳同再侄孙泰生敬立'字样。

"按乾隆丙戌是乾隆三十一年，即公元1766年，距李渔之死已经八十多年了。碑中的'梁公'当指钱唐令梁允植。此碑比赵坦'命守冢人修筑，复树故碣'早四十年。可惜梁允植所题的碣没有发现。而究竟哪一个墓是李渔的墓，一时无从查考了。"

再之后到了20世纪80年代，人们想去寻找那一块"清故笠翁李公之墓"的墓碑也已经找不到了。

李渔一生活了70岁，前34年在明朝，后36年在清朝，在明亡清兴朝代更迭的时代里，他走出了一条自己的路，且留下了丰富的作品。浙江古籍出版社于 1991 年出版的《李渔全集》应该是最全的作品集了。

陈端生：勾山樵舍《再生缘》

杭州南山路，暖暖的灯光打在一块石头上，隐隐可见"勾山樵舍"四个字。杭州南山路，柳浪闻莺笙歌吹，春风吹得游人醉。酒吧一条街，咖啡一条街，中国美院所在地，这里是杭州时尚生活的招牌，这里诞生过一位才女，200多年前，写出了一个美丽的传奇故事，这位才女就叫陈端生，这部作品就叫《再生缘》（后三卷由梁德绳续写）。她创造了孟丽君这一为中国老百姓所喜欢的形象，影响了200多年来的中国戏曲舞台。

勾山樵舍就是陈端生的家，在今天柳浪闻莺公园的对面。

陈端生（1751—约1796），字云贞，又字春田，钱塘（今浙江杭州）人，清女文学家。陈端生生长在书香门第之家，自幼受到诗书的熏陶。陈端生的祖父陈兆仑是桐城派古文家方苞的弟子，诗文醇古澹泊，被京师士大夫们奉为"文章宗师"，后官至太仆寺卿。陈端生的妹妹陈长生，亦是一名才女，著有《绘声阁集》。陈端生从小即能作诗，她的诗集叫《绘影阁诗集》，看来跟妹妹的诗集是一个系列的。姐妹俩"绘声绘影"，诗坛升起双子星座。

陈端生18岁就开始写作《再生缘》。许是构思奇巧，许是才思敏捷，她一开始的写作相当顺利，第二年就完成了前3卷，到第三年即完成了16卷。有人说出名要趁早，其实才气也是喜欢早起的。那时的陈端生坐在湖景房中构思写作，可以说文思泉涌。闲暇时她在湖边，朝晖暮光给了她多少灵感啊，好像那一湖波光映照在稿纸上，都变成了一个栩栩如生的人物。

那是她最好的时光，接下来因为一连串的生活变故，她的写作就停滞不前了。

这变故先是母亲病故，后是祖父病故，家里的两根顶梁柱倒了下来。23岁那年，她和范秋塘结婚，本来生活是可以安定下来了，但谁知丈夫因涉考场舞弊案，被官府流放至新疆伊犁，这时家境已经完全不行了。乾隆四十九年（1784）她又开始续写《再生缘》，陆陆续续写了一年时间又搁笔了，且这次是永远地搁笔了。因为这时唯一的女儿夭折了，父亲又病故离世，再加上自己也疾病缠身，所以她写到17卷已经无能为力了。嘉庆元年（1796），陈端生因病去世，享年46岁。《再生缘》的后3卷由杭州女作家梁楚生（名德绳）续补完成，最后又由女作家侯芝修改为80回本印行于世。

《再生缘》是一部长篇弹词。就我们现在的南方人而言，越剧、昆曲等地方戏可能还知道，弹词也只听说过有弹词开篇，长篇的弹词还没有在书场里听过。这部60万字的弹词，基本上是一部七言的长篇叙事诗，对仗工整，转韵自然，中间穿插的说白和叙述文字也很简洁明了。至于为什么陈端生采用这样的方式来写作，无外乎这样几个原因：一是当时弹词（演艺）非常流行，而陈端生从小就喜欢这种形式；二是弹词这种方式介于诗歌和小说剧本之间，兼具了阅读和演出的功能，作者很想挑战一下这种新的形式。

那么《再生缘》到底写了一个什么故事呢？

陈端生写了一个美丽的传奇，传奇的女主人公就是孟丽君，是一个女扮男装、美丽勇敢的女子。

如果用两百字来说《再生缘》这个故事，应该是这样的：

孟丽君是一昆明才女，生于元代。孟丽君才高貌美，成为云南总督皇甫家和豪族刘家争聘的对象，她不愿屈服刘家的迫害，大胆抗旨拒婚，于是女扮男装，离家避难，后进京应试，得中状元，官至宰相，在朝中与父兄为同僚，而众人皆不知。她纳丈夫为门生，压倒须眉男子，一时成为朝廷重臣。后来女扮男装之事暴露，皇帝见她貌美，

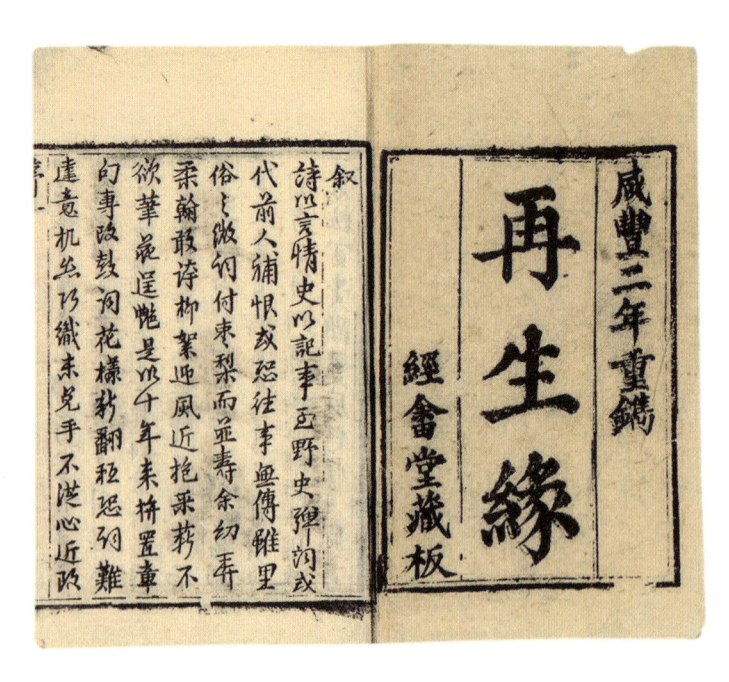

〔清〕陈端生《再生缘》书影

逼她为妃，孟丽君机智周旋，得以幸免。最终，她与皇甫少华成婚，回到闺房……

这里要说明的一点是，为何要把孟丽君写成是昆明才女，因为陈端生的母亲就是昆明人，陈端生一生的主要生活轨迹就是在昆明、北京和杭州。

陈端生写了一个非常具有戏剧性的故事，才子佳人、皇帝大臣，豪门恩怨、家族情仇，众多男人围绕一个女子展开，包括皇帝老爷也加入进来了——这是民间的想法，也是观众、听众想看想听的。她没有用小说的方式来写，而偏要用她的诗才，且看她的开场白：

> 闺帏无事小窗前，秋夜初寒转未眠。灯影斜摇书案侧，雨声频滴曲栏边。闲拈新诗难成句，略检微词可作篇。今夜安闲权自适，聊将彩笔写良缘。自古云，婚姻五百年前定。我观来，成败之由总在天……因甚书中谈及此？这情由，却同此集事相关。说一番，悲欢离合新奇语。《再生缘》，三字为名不等闲。

"今夜安闲权自适，聊将彩笔写良缘。"这是多么惬意的生活和写作姿态啊！可以说，花一样的年龄和花一样的开篇，都属于两个世纪前的陈端生。

陈端生好比是用写作的方式做女红。陈端生的父亲陈玉敦是举人出身，母汪氏也是一才女，传闻女儿写了文字后还要给母亲看，读给母亲听。这是很了不起的事情，现在有的女生发朋友圈都有可能要屏蔽老妈。

"静坐芸窗忆旧时，每逢闲绪写新词。"陈端生开始了像玩一样的写作。那一年，她18岁，花样年华，跟做官的父亲生活在北京,在天子的脚下,却写起了嘲讽天子的文字来。

现在我们要注意的是,《再生缘》中的皇帝也喜欢孟丽君,这说明皇帝是常人。把皇帝写成普通人,这是一大进步,换句话说,这其实也是一种市场观点,老百姓就是爱看皇帝的后宫佳丽,然而陈端生的高明之处是没有写孟丽君爱上皇帝,而是写孟丽君爱的是少华。

由此我们便来说说陈端生自己的婚姻,半是考证半是猜度。

陈端生结婚时已经 23 岁了,在今天也符合法定年龄了。为何她是一晚婚者,皆因要为亡故的亲人守孝。祖父的去世,母亲的病故,据说都得各守 3 年,那么直到 23 岁,她才出嫁。她的丈夫乃秀水范氏,姓范,名秋塘,另有一说是淮南人氏。夫妻感情好不好,只好从字面上去找,找来找去找不到。但是后来她丈夫被充军到伊犁,这倒是有记载的。为何被充军,有两种说法:一种是说丈夫因其继母控他忤逆,于是谪戍伊犁。这在今天看来可能有点不可思议,但是在一个讲百善孝为先的时代里,做儿子不孝,遭继母控诉也是正常的,现在我们还会在某些电视剧中听到"小心我控你忤逆"。还有一种说法即前面提到的,是"以科场事牵累而谪戍",即考试作弊。由此可见,清律是何等之严。如果说是第一种罪名,那么即使是家庭矛盾,不管你是公务员,或者不是公务员,都要治罪。如果说是第二种罪名,那么只能说明科举舞弊在那时也是常事,虽然责罚甚严。

这伊犁一去就是十载,其间最要命的事情是陈端生的女儿出疹亡故。母亲不在了,丈夫也不在身边,女儿又去世,这种日子的滋味可想而知。

《再生缘》大部分毕竟是陈端生青春时期创作的作品，当时没有写完，就像《红楼梦》没有写完一样。事隔十多年，在陈端生34岁时，她又重新拿起笔来写作，但是青春时期的好心情好才思已经不在了，当年3年时间近60万字，后来1年的时间，才写了1卷。看样子出名要趁早，是建立在写作也要趁早的基础之上的。

　　现在的《再生缘》之版本，后3卷为杭州才女梁德绳续写，以孟丽君与皇甫少华大团圆为结局。这样的结局，从陈端生的生活经历和作品情节发展逻辑来言，可能有违陈端生的初衷，她安排的也许是悲剧的结局。但这也只是我们的猜想，从戏曲的效果上说，一般观众都是喜欢看大团圆的，这也是李渔的戏剧受欢迎的原因之一。而从文学的角度上说，悲剧可能更有价值一些。

　　当然，所有的续写人们都是不满意的，人们对《红楼梦》的续写也是这个态度，但是不去续写，也是个遗憾。

勾山樵舍

晚年的陈端生生活在杭州，在南山路柳浪闻莺一带。嘉庆元年（1796），也就是丈夫流放回来的那一年，陈端生46岁，她每日倚窗而立，盼着丈夫归来，如果用电影镜头表现的话，丈夫的马车或者脚印已经落在北方的雪地上，而西湖边的柳枝已经爆出了嫩芽，脚步声越来越近了，陈端生的眼睛却永远地闭上了。

《再生缘》今天被人不断谈及，不仅因为孟丽君这个形象一直为大家所喜欢，根据《再生缘》改编的戏剧影视作品这几十年来也是时有所见，特别是被改编成地方戏的各种版本，更是因为两位大家同时为之倾倒。

这两位大家就是郭沫若和陈寅恪，虽然这两人的政治地位、学术成就和为人口碑各有不同，但有一点必须肯定，这两位都是研究古典文学的大家，而且陈寅恪和郭沫若分别为《再生缘》作过点评。

传闻陈寅恪晚年失明，郭沫若晚年耳聋，于是便有了"壬水庚金龙虎斗，郭聋陈瞽马牛风"的说法。这是郭沫若的诗句，说他为《再生缘》而去访陈寅恪的事情。"他生于庚寅，我生于壬辰，我笑说今日相见是龙虎斗。伊左目尚能见些白光，但身体甚弱，今年曾病了很久。胃肠不好。血压不大高。"郭沫若能去访陈老，在当年也算是放下了身段，而且他也知道陈老的分量，但更重要的是这两位大家都喜欢《再生缘》。郭沫若在1961年11月5日还在杭州写下了《访勾山樵舍》一诗，题记中说："勾山樵舍在杭州西湖柳浪闻莺，乃陈兆仑之旧居。《再生缘》作者陈端生，陈兆仑女孙，生于此。"全诗如下：

芙蓉花正好，秋水满湖红。
双艇观鱼跃，三杯待蟹烹。

莺归余柳浪，雁过醒松风。
樵舍勾山在，伊人不可逢。

而陈寅恪的另一杰作就是评点柳如是。中国文坛自古以来对伎女就是不薄的，凡是有名的伎女，都是文人钟爱的。杭州曾经评西湖十大佳人，除了传说人物之外，十大佳人中伎女占了三位，她们是苏小小、王朝云和琴操，其中苏东坡的女人就占了两位，只可惜杭州人当时似乎忘记了陈端生。

陈端生的《再生缘》，陈寅恪将之比作印度和希腊的史诗，因为都是用叙事诗的形式，中间虽然夹有一点对白，但不影响整体是史诗的性质，而郭沫若认为陈端生的写作技巧"比之十八九世纪英法的大作家们，如英国的司各特、法国的司汤达和巴尔扎克，实际上也未遑多让"。

这些都是极高的夸奖。事实上这同时又是两位大家对这部作品的慧眼独具，因为从唐宋以来一千年，的确是没有出现过类似的作品，诗词有，小说有，戏剧有，但唯独弹词这样的形式没有。而这种弹词的形式，在大家眼里就相当于是西方文学中的史诗。

今天我们路过南山路，路过陈端生的故居——勾山樵舍，是不是还会停下脚步？设想如果这里有一个戏院，走过的人们能听到锣鼓的声响，能看到孟丽君倩丽的身影，然后不管昆曲还是越剧，京剧还是弹词，总之这里夜夜皆有孟丽君的唱腔，如此这般，或许才是对陈端生和《再生缘》最好的纪念了。

胡雪岩：红顶商人心济世

即使是没有看过高阳的小说《红顶商人胡雪岩》，一般的人对胡雪岩大概也会有以下三点印象：一是他经商相当成功，几乎是富可敌国；二是他妻妾成群，女人不少；三是他最后的结局却是个悲剧，就跟他所处的朝代一样。渐渐地，我发现看过小说之后，大概也还是这么个印象，无非是多了些故事，多了些细节，自然也就多了些谈资。特别是在二十年前，有一阵子到杭州来看其故居的人络绎不绝，有不少是政府官员和企业家，大家都抱着不同的心态和目的，正如朝山进香一样，殊不知胡雪岩和他的时代早就过去了。我们今天来谈论这位毁誉参半的商人，只是把他当作一面镜子，明智的人可以此为鉴，而多数人也就多个谈资吧。

胡雪岩(1823—1885)，名光墉，字雪岩，安徽绩溪人，一说浙江仁和（今杭州）人。他家境贫困，无甚资源，小时候当过放牛娃，后经人介绍，先后在杭州的杂粮行、金华火腿商行当过小伙计，还到杭州一家钱庄当过学徒。在钱庄，他从扫地、倒尿壶等杂役干起，三年满师后，因勤劳、踏实成了钱庄正式的伙计。这里我们要注意，近代杭州略有点名气的茶叶商、盐商有不少就是来自徽州、来自胡雪岩老家一带的。这有诸多原因，包括水陆交通条件等,也包括杭州本地人经商似乎并不十分努力,或许是不肯吃苦,或家里尚有饭吃,拼劲和上进心跟外来者相比还是不够。

胡雪岩创业的故事有很多,其中有一个少年时打伞的故事,说他还是个小伙计的时候,一到下雨天,看到有人没带伞在街上淋湿,他就经常过去给陌生人打伞,时间一长,街上的人都认识他了,知道这个少年不错,由此他也积累了不少人缘。据说他16岁在粮行当学徒时,有位过来谈生意的客商病倒,胡雪岩主动担起照顾的责任,端药送饭,就像照顾亲人一样。

那位客商康复后,内心感动,称自己是金华火腿行的老板,火腿行比粮行大很多,让胡雪岩跟着他。得到

胡雪岩像

老板的同意后，胡雪岩这才决定跟着这个老板去发展，为他以后的商业发展打下了根基。

据胡雪岩的嫡亲后代胡光亚所述，胡的第一桶金来自他20多岁时。当时他在杭州阜康钱庄当学徒，钱庄的掌柜没有后代，于是就把办事灵活的胡雪岩当作亲生儿子看待。掌柜弥留之际，把钱庄悉数托付给胡雪岩。当时这个钱庄价值5000两，这是胡雪岩的起步。关于胡雪岩的第一桶金，当然还有不少版本，有的来自虚构的小说，有的来自后人笔记见闻一类的"稗史"。无论是哪一种版本，都必须具备两个要素：一是胡雪岩本人很努力；二是他遇到了好人，换言之因努力而遇到了好人。这两个要素必不可少，是穷人出人头地的必备条件，至于说后面怎么发展，那可能要看天时地利人和了。

胡雪岩当然是个商业天才，而他成功的秘诀之一就是投资、善举并行，互惠互利。当时胡庆余堂主要开设在杭嘉湖，他发现金华、衢州一带的顾客很少，就想开发那里的市场，于是让手下的伙计去了解其中的原因。伙计市场调查后发现原因是交通不便，金华、衢州一带的顾客多是乘船在码头上岸，如果能在码头上做做文章就大有可为。于是，胡雪岩就决定出资兴建义渡，这也就是钱塘江义渡的来由。

胡雪岩所处的时代是个乱世，不过这乱世反而成就了这位红顶商人。概括起来大约有两个方面的成就：一是军方曾把军饷放在他的钱庄里，任他理财使用；二是他为军队乃至英法联军购置军用品，特别是他不惜血本替左宗棠部运军粮。左宗棠由此十分信任胡雪岩，这生意最终成了国家生意。当时军队的钱有不少是存在他的钱庄中的，胡又有本事把死钱变活钱。如此一来，他的阜康钱庄日益发展壮大，分店开遍大江南北。同治十一年（1872）他50岁时，资金已达2000万余两，田地不下万亩。

当然，这些还不至于让胡雪岩成为"红顶商人"。作为一名有眼光的投资商，他协同国家办船政局。时为同治五年（1866），左宗棠在福州开办福州船政局，成立了中国史上第一家新式造船厂。就在船厂刚刚动工不久，时逢西北事起，朝廷突然下令左宗棠调任陕甘总督。左宗棠赴任之前，一面向朝廷推荐江西巡抚沈葆桢任船政大臣，一面又竭力推荐胡雪岩协助料理船政的一切具体事务。同治八年（1869）秋，船厂的第一艘轮船"万年清"号下水成功。这艘轮船从马尾试航一直行驶到天津港，当人们首次看到中国自己制造的轮船时，万众欢腾，盛况空前。

同治十一年（1872），"镇海"号兵船又下水成功。远在边陲的左宗棠得知这些消息，特别写信给胡雪岩："闽局各事日见精进，轮船无须外国师匠，此是好消息……阁下创议之功伟矣。见在学徒匠作日见精进，美不胜收，驾驶之人亦易选择，去海之害，收海之利，此吾中国一大转机，由贫弱而富强，实基于此。"

同治十三年（1874），胡庆余堂雪记国药号筹建。胡自己并非行医出身，之所以投资药店，还是在于此行颇有市场。据说在同治年间，包括此前的咸丰年间和此后的光绪年间，疫病流行，军队损兵折将十分严重，胡雪岩便聘请高明的药师调制"辟瘟丹""诸葛行军散""八宝红灵丹"等药品，送交曾国藩、左宗棠的军队以及陕甘豫晋等藩署使用。左宗棠曾为他点赞曰："雪岩之功，实一时无两。"

光绪四年（1878），胡雪岩正式成立"胡庆余堂"

药号，店堂在杭州大井巷落成，性质由此从军用转为民用。胡雪岩很有商业头脑，已经懂得现代广告的功效，在药店开张期间，推出了14大类成药，并免费赠送辟瘟丹、痧药等百姓必备的太平药，且在《申报》上大做广告，使胡庆余堂一开张就声名远播。当然更重要的是，他的药品讲质量、疗效好。他从原材料开始把关，比如鹿茸这一原材料，他专设鹿园养鹿取材。还有就是他着力聘请名中医，收集古方，尽力发掘我国传统中药的宝贵价值，组织团队进行认真研发，然后选定配制丸散膏丹及胶露油酒等验方400多种，并试制成药。这就让他的胡庆余堂药店在杭州后来居上，民间便有了"北有同仁堂，南有庆余堂"的说法。面对市场竞争，他又推出"真不二价"，以保证药品的品质。当时也打价格战，有的药店在品质上比不过胡庆余堂，于是就压低价格抢生意。对此，胡雪岩丝毫不慌，在店内挂出金字招牌"真不二价"，意思是说我的药品质量好，不会压低价格。果然，其他药店卖的便宜次药效果并不好，更多人会选择去买胡庆余堂的药。

还有更为著名的、今天人们还在津津乐道的就是胡雪岩在药堂上高挂的"戒欺"匾。胡庆余堂许多匾额都是朝向外挂的，唯独"戒欺"匾是挂在营业厅的背后，是挂给内部员工看的。这块匾为胡雪岩亲笔写就："凡百贸易均着不得欺字，药业关系性命，尤为万不可欺。余存心济世，誓不以劣品弋取厚利。惟愿诸君心余之心，采办务真，修制务精……"

胡雪岩是这样写的，也是这样要求员工的。传说有一次，一位顾客对药品的质量稍有不满，胡雪岩当场道歉，收回原药，并说："准定在一两天内赶制好药调换。"这样的"好事"一经传播，自然就成了最好的活广告了。

在胡庆余堂百年历史上，流传着许多耕心制药的故事。如紫雪丹是一味镇惊通窍的急救药，按古方，要求最后一道工序不宜用铜铁锅熬药。为了确保药效，胡雪岩不惜血本请来能工巧匠，铸成一套金铲银锅，专门制作紫雪丹。现在这金铲银锅被列为国家一级文物，并被誉为中华药业第一国宝。

胡雪岩还极其热心于慈善事业，乐善好施，多次向直隶、陕西、河南、山西等涝旱地区捐款赈灾。清光绪四年（1878），除了胡雪岩捐运给西征军的药材外，他向各地捐赠的赈灾款估计已达20万两白银。更鲜为人知的是，在轰动朝野的杨乃武与小白菜一案中，他利用自己的人脉活动京官，赞助钱财，为此案最终昭雪立下了汗马功劳，此案亦使他的义声善名更加深入人心。此外，他还两度赴日本，高价购回流失在日本的中国文物。他曾回收了50多口中国的铜钟回国，并捐赠给苏杭各地的寺庙。1930年，日本驻杭州领事内山庸夫曾在杭州作过一次调查，发现了14口铜钟，现在岳飞墓园里还存1口

胡雪岩故居

钟，这是胡雪岩当时赠给位于众安桥的岳庙的。

光绪七年（1881）胡雪岩因协助左宗棠收复新疆有功，被授予布政使（从二品）衔，赏穿黄马褂，可戴红色顶戴，并总办"四省公库"。这就是我们所说的红顶商人，用今天的话来说就是官商，替国家做生意，同时自己也赚得盆满钵满的。

纵观胡雪岩的一生，他的成功并非偶然，而他的悲剧落幕也来得很快，这不仅有他个人的原因，更有着时代的因素。光绪八年（1882），胡雪岩在上海开办蚕丝厂，耗银2000万两，但生丝价格日跌，他企图垄断丝茧贸易，却引起外商联合抵制。近代史上的第一场中外贸易战由此拉开序幕。一开始，胡雪岩高价尽收国内新丝数百万担，占据上风。华洋双方都已到忍耐极限，眼见胜负当判，谁知"天象"忽然大变，欧洲意大利生丝突告丰收，再就是中法战争爆发，市面剧变，金融危机突然爆发。此时，胡雪岩已无回天之力。到了光绪九年（1883）的夏天，胡雪岩只能被迫贱卖生丝，由此亏耗1000万两，家资去半。墙倒众人推，各地官僚竞提存款，清政府亦委派他的恩人左宗棠前去调查并查封胡雪岩的当铺、商号等。由此，一代药王便正式谢幕。光绪十一年（1885）七月，左宗棠在福州病逝。同年十一月，胡雪岩在贫恨交加中郁郁而终。

杭州存有胡雪岩故居，它位于杭州市河坊街、大井巷历史文化保护区东部的元宝街，建于同治十一年（1872），正值胡雪岩事业的巅峰时期。当时豪宅工程历时3年，于光绪元年（1875）竣工。落成的故居是一座富有中国传统建筑特色又颇具西方建筑风格的宅第。整个建筑占地面积10.8亩，建筑面积5815平方米。胡雪岩故居无论是建筑还是室内家具的陈设，用料之考究，在当时堪称极品豪宅,各个房间甚至都装有连上海都还没有的电话机。

胡雪岩的墓位于杭州西湖区转塘街道中村附近的杨家门鹭鸶岭,极为简陋,因此也曾有存疑的声音,以为那只是胡雪岩的家族墓地之一。

丁申丁丙：家守清贫书不贫

杭州是一座书香之城，杭州也出了不少有名的藏书家，其中最为著名的，当数丁申、丁丙兄弟。丁氏是杭州的一支望族，以丁申、丁丙兄弟最为著名，因为这两位都做了功德千秋的好事，概括起来：一是救书藏书，修补《四库全书》；二是做慈善，以一普通百姓的身份做了市长应该做的事情。两兄弟中丁申去世较早，丁丙后来独撑大局，好在丁申的儿子后来辞官返乡也来帮助叔叔一起做事，让这丁家的文化香火得以延续。杭州有丁氏文脉，是杭州的幸事，杭州也应该倍加珍惜丁氏保护的藏书。

丁申生于道光九年（1829），丁丙要比哥哥小三岁，丁申光绪十三年（1887）过世，丁丙则没有能迎来20世纪，卒于光绪二十五年（1899）。据考，丁氏世系源于山东济阳。丁申祖上于清初顺治三年（1646）由绍兴府山阴县柯桥迁往杭州，一开始定居在梅东高桥，后迁居至杭城田家园北的头发巷（今直大方伯）。家宅从这里慢慢扩展，东临直大方伯，南至银洞巷，西到大王庙巷，北贴马所巷，占地近百亩。丁家家丁兴旺，或仕为官，或勤耕读，或业商贾，代代相传。丁家有印"济阳""柯岩旧樵""泉唐""田家园丁""梅东里民"等，寓意为其迁居之地。

史传丁申、丁丙兄弟，"友爱无间，自相师友，凡其设施或详列条目，而令丙为之。出而瘅勘，入而计谋，如治家事，故并有名于时云"。即但凡做大事，兄弟俩都是齐心协力，所以后人多以丁氏兄弟称谓，直到丁申去世，丁丙才单飞。

丁申、丁丙的祖上就非常爱藏书，其父当时就建有八千卷楼（意为藏有八千册书），丁老先生表达过这样的意思，他收书藏书不完全是为了自己，也是替子孙后代着想。谁知这个基因的遗传真是特别奇怪，丁氏兄弟爱书已经到了极致的程度，不仅是散尽千金觅一书，而且是舍生忘死为《四库》。

文澜阁内室

话说咸丰十一年（1861）的冬天，太平军打进了杭州城，战火蔓延。此前丁氏兄弟和家眷已经逃到距城几十里的西郊留下杨家牌楼避难，那里有他们丁氏的家祠，这个家祠就叫"风木盦"。丁家素有赈灾济贫之风，当时临近年关，兄弟俩就在风木盦门口支起大锅煮粥以济灾民。这时，他们不知道八千卷楼连同整个丁家大宅，已经尽数被毁于战火。

近正月十五的一天，丁氏兄弟一同到留下镇上买香烛等供品。这时，他们发现包供品的纸不是原来普通的草纸，而是线装书中的用纸，再仔细一看，竟然还看到了皇帝的玉玺印。兄弟俩相视一惊，然后再仔细一看，这原来是文澜阁《四库全书》的纸页。

兄弟俩马上问店家这些纸是从哪里来的，店家说这都是从城里出来的废纸，有人整担整担挑着在叫卖呢，他店里刚好要用，这纸又便宜，于是就收了一担。

兄弟俩立马又问："那你其他的纸呢？"在店家的指引下，兄弟俩于是看到了散乱的纸页蜷缩在店内的角落里，它们像失散的孩子，正等着亲人的怀抱。这时兄弟俩明白了，战火已波及文澜阁，那里面的镇阁之宝《四库全书》已经遭殃。

《四库全书》是什么？是中国最有价值的全书之一，它全称为《钦定四库全书》，是在乾隆皇帝的主持下，由纪晓岚等360多位高官、学者编撰，3800多人抄写，耗时13年编成的丛书，分经、史、子、集四部，故名"四库"。《四库全书》共集近3500种书7.9万卷，光是目录就有几百册，故称"全书"。当年，乾隆皇帝命人手抄了7部《四库全书》，下令分别藏于全国各地。先抄好的4部分贮于紫禁城文渊阁、辽宁沈阳文溯阁、圆明园文源阁、河北承德文津阁珍藏，这就是所谓的"北四阁"；后抄好的3部分贮于扬州文汇阁、镇江文宗阁和杭州文澜阁珍藏，这就是所谓的"南三阁"。

见《四库全书》已经被毁并散落民间，兄弟两人痛心疾首又心急如焚，他们当场就收下了这位店主的全部"废纸"，并且用重金雇人每日沿街收购散失的书页。这还不够，他们想到了一个疯狂的举动，决定要连夜潜入杭城，潜入文澜阁，他们一定要看一看，文澜阁这个心中的圣地到底怎么样了。

没办法了，丁氏兄弟这一次也只好斯文扫地了，他们脱下读书人的标志性服装——长衫，穿上短袍，天暗下来后就星夜兼程溜进城里，当时各关节口都有兵士站岗巡逻。这两个人化身"窃书大盗"之后收获颇丰，收获是一麻袋一麻袋的，兄弟俩是又紧张又兴奋，当然前提是有人接应帮忙。就这样，两人昼伏夜出，每天都为这窃书之事弄得筋疲力尽。后来，他们又雇了船走水路运书，即走西溪水道，从松木场到古荡，再由古荡至留下……就这样，他们既花高价收购，又搏命"偷盗"，半年之间竟收书8000多册，并将这些宝贝藏之风木盦。兄弟俩有时会久久地盯着这些宝贝看上半天，看了之后不免又要担惊受怕，因为他们怕得而复失，怕这里也不安全，所以他们又雇了一条大船，两人扮作商人模样，先将这些书通过钱塘江和浙东运河运至绍兴，再从绍兴渡海运至上海和定海，可谓是历经磨难，百折不回。直至同治三年（1864）战火告一段落，才将之运回杭州城内，藏于杭州府学经阁。

如果说救书收书已经是惊天动地的话，那之后的修复工作更是一个繁复浩大的工程，因为再怎么努力，战乱中散失的卷帙还是永远不可能再找回来了。光绪八年

（1882）开始，丁丙倡议并主持了长达七年的《四库全书》补抄缺卷、缺书工程。为此，丁氏兄弟还雇了一百多名抄写员，按《四库全书》目录抄录校对，其中就有后来的国学大师张宗祥。后人转述亲历者的回忆称，补缺工程浩繁巨大而又细致入微，一年三百六十五天从不间断。

七年后，在丁丙手中，因战乱散失的《四库全书》文澜阁本，其缺目"求而未得者仅九十余种"。而据《文澜阁志》所记，至光绪十四年（1888），除收藏的原书331种外，共编配残篇891种，补抄2174种，合订34769册。

张宗祥后来在1922年任浙江省教育厅厅长，继续着丁家兄弟未竟的《四库全书》补缺计划，奔走沪杭募款，组织人力去北京补抄。两年后，抄得4497卷，终于补齐了残缺。

于是，最后完成的《四库全书》比原来更为完整，集清末全国藏书楼之精华。因此，补齐后的文澜阁《四库全书》是7部藏书中最完整的一部，历史文献价值高于另外6部。这一切，丁氏兄弟无疑是首功。

在补缺《四库全书》工程几近完工的同时，丁家的藏书也达到了一个前所未有的庞大规模，已经多到原藏书楼都放不下了。于是扩建八千卷楼，藏书近3500种；又建后八千卷楼，储书8000种；另建小八千卷楼，专藏善本2000多种。

这也是丁丙对去世的兄长以及祖父、父亲的纪念，丁申已在补缺《四库全书》工程完成的前一年去世了。书楼建成，图书入藏，一切安妥后，丁丙写下《八千卷楼自记》一文告诫后辈："吾祖吾父之志，吾兄未竟之事，吾勉成之，小子识之。"

不仅如此，丁氏兄弟还做了诸多文化修复工程，他们出资组织重建钱塘县学、仁和县学、杭州府学、敷文书院、崇义书院、紫阳书院、诂经精舍等；还修复了大量的名胜古迹，如广化寺；整理出版大量乡邦文献史料，其中最为著名的就是丁丙编纂的《武林坊巷志》。此书记载了自南宋至清末所有杭州城内的坊巷、官府、宫室、市井、寺观及名人宅第等。光绪二十二年（1896），丁丙编完这部巨制鸿篇，已垂垂老矣。他觉得必须要先让俞曲园先生过目审看过之后才放心，所以让孙子先将书稿送给老先生过目。老先生看了之后感慨不已。他说："我已衰老，尚能见到此书，真是幸运啊！"俞樾的话不是过誉之言，直到如今，《武林坊巷志》在我国仍称得上是一部最大的"都市志"。另外，丁丙还编有计26集622卷的《武林掌故丛编》。

丁氏兄弟不仅在文化传承上为杭州也为中国作出了贡献，同时在经商方面也颇有天赋，因为收书藏书是一件只有付出没有商业回报的事情，所以必须有强大的财力来支撑。这一方面杭州也有天时地利人和的优势，因为当时主政浙江的，正是洋务运动核心人物之一的左宗棠。

光绪十五年（1889），丁丙与庞元济、王震元共同筹募股本、引进机器，开办纱厂，跻身于杭州最早的一批实业家之列。7年之后，丁丙又筹得白银8万余两，另借国库40.1万两，在杭州拱宸桥西开工建设通益公纱厂。光绪二十三年（1897），通益公纱厂终于建成投产，有纱锭15040枚，光绪二十四年至二十七年（1898—1901）年产纱分别为200万、300万、230万、180万磅，雇用工人1200余人，成为浙江最早开设的民族棉纺织厂。

此外，光绪二十一年（1895），丁丙又与庞元济合伙，在拱宸桥西如意里创办世经缫丝厂，次年建成投产。第二年，两人三度合作，在塘栖镇东里新桥创建大纶丝厂。

只不过那时丁丙是初涉近代工业，与近代企业经营理念尚有差距，加之原料受制于洋商，世经缫丝厂于投产两年后停办。通益公纱厂则在光绪二十八年（1902）停办，几经盘手和历史变迁，成为了日后为杭州人熟知的杭一棉。现在杭一棉还留存了三座旧厂房和一座办公楼，在2005年时被列为省文保单位，即今天中国扇博物馆的场址，那里还有一些非遗的活态展示。

另外值得一提的是，丁氏兄弟在杭州做的慈善事业，在某些方面跟胡雪岩所做的有交叉之处，比如开设钱塘江义渡等。

同治三年（1864），应左宗棠之邀，丁丙担任了"同善堂"善举总董一职。这个职位没有工资，完全是义务劳动。

后来日本学者夫马进研究后认为，善举总董的功能相当于市领导，但这个"市领导"不领薪，而巨大的资金缺口，则常常由"市领导"来赔补。杭州众多的慈善机构组成的组织被称为清代"杭州善举联合体"。夫马进认为，中国当时"强国家弱社会"的现状给慈善组织带来了沉重的负担。它几乎就是处理都市行政各种问题的庞大组织机构。19世纪末，其每年总支出约10万千文，换算成白银约6万两。

这个慈善机构，下属机构多达二三十个，包括专收弃婴的育婴堂、专负责养老等事务的普济堂、掩埋死者的掩埋局、提供免费诊疗的施医局，此外，还有粥厂、丐厂、钱江义渡局、义仓、浚湖局等。

因为担任善举总董经济损失巨大，长时间没人愿意接替丁丙。夫马进在《中国善会善堂史研究》一书中写道，丁丙从太平天国结束后的同治四年到光绪五年（1865—1879），担任了大约 15 年的善举总董。

光绪二十四年（1898），丁丙在病榻上编写了一部关于杭州慈善事业的《乐善录》，其子丁立中在他死后进行补订，并写跋语："呜呼痛哉！先大夫（丁丙）秉性淡泊，书籍外寡所嗜好，生平精力均消耗于善举之中。"

小八千卷楼

由于长年的入不敷出，再加上纱厂后来遇到困境，到丁丙的晚年，丁氏已经家道中落，丁丙的后代后来只能靠卖书度日了。这不仅仅是丁家的悲哀，更是社会和时代的悲哀。丁丙晚年写下的这两句诗，我们今天读来仍是感觉十分温暖而又有点心酸："分应独善心兼善，家守清贫书不贫。"

目前浙大一院内仍保存着一座小红楼，作为院史陈列室，这其中就有被保留下来的丁丙的小八千卷楼。据说在2004年，丁申的玄孙女丁如霞从日本回来，在此见到了这座丁家宅院中仅存的建筑，还有楼前那棵丁丙当年亲手种下、如今被医院拨出专款进行保护的玉兰树，不禁感慨世事如烟。是的，站在历史的长河，百年也不过是一根烟的工夫，好在《四库全书》仍在，先人的善事善德仍在杭州这座城市里传扬。

苏曼殊：一切有情，都无挂碍

走过西湖孤山后草坪，能看到一指示牌，图示苏曼殊的墓原来就在此处，可是不少人又不知道苏曼殊是谁，是男是女。其实曼殊是他的号，原名叫戬，"戬"这个字太生僻，所以远不如曼殊来得通俗和易记。

曼殊还有一名，叫玄瑛。

"文人中的和尚，和尚中的文人。"这是人们对苏曼殊的恰如其分的评价。曼殊之墓曾在杭州西湖边的孤山脚下，与秋瑾和苏小小两位相邻，也算是他修来的福气了。但是在那个轰轰烈烈的年代里，先是苏小小墓被毁，后来秋瑾墓也保不住了，这曼殊的墓自然也就难保了。现在秋瑾之墓早已恢复，苏小小之墓也于2004年成了一景点，只是这位曼殊先生，目前还只是在孤山西泠印社旁的导游牌上留下了一行字——"苏曼殊墓遗址"。

在今天看来，苏曼殊也具备了所有热门电视剧流行的要素——身世之谜、情爱恩怨、异国飘零、红颜知己、美食大咖等等，所以他的身份就是一个真正的出家和尚，但是他认真地革命，认真地恋爱，有情僧之称。

苏曼殊当年是在上海去世的，但是他的朋友们都要把他葬到杭州来。民国时期的好多名人，包括史量才等，最后的归息地都是在杭州，所以杭州西湖是思想家整理思想的地方，是文人墨客咏诗作文的地方，是才子佳人谈情说爱的地方，更是名人长眠的地方。

杭州曾经是曼殊生命中很重要的一个驿站，当年为革命为情事，他都在杭州逗留过，且一生来过十几次。沪杭之间的道路，一定是他最为熟悉的。像杭州的白云庵，一百年前曼殊就曾经在这里避难会友，这由他的《住西湖白云禅院作此》为证：

白云深处拥雷峰，几树寒梅带雪红。
斋罢垂垂浑入定，庵前潭影落疏钟。

他也曾画《西湖泛舟图》，送陈独秀先生，以为陈是他的知音。被苏曼殊引为知音的，还有章太炎、孙中山等，这些都是他的革命伙伴。他革命的主要事迹是要推翻清朝统治，传闻他曾经准备了手枪要去暗杀保皇党康有为，后被朋友劝住。他还参加过长沙的华兴会，这些组织都是以推翻清廷统治为己任的，可以说是屡败屡战。辛亥革命成功和中华民国成立之初，苏曼殊正在爪哇教书，日思夜想地想回到祖国来，为此他写作了不少的诗文。因为他特殊的出身和经历，他是真正把祖国当作母亲来看待的。后来袁世凯要复辟，他又在杭州西子湖写作发表了讨袁檄文："衲等虽托身世外，然宗国兴亡，岂无责耶？今直告尔：甘为元凶，不恤兵连祸亟，涂炭生灵，即衲等虽以言善习静为怀，亦将起而褫尔之魄！尔谛听之。"

苏曼殊生于光绪十年（1884），他吸引今人眼球的主要还是他的身世和作品。郁达夫曾经说："苏曼殊是一位才子,是一个奇人,然而绝不是大才。天才是有的,灵性是有的,浪漫的气质是很丰富的,可是缺少独创性,缺少雄伟气。……他的译诗,比他自作的诗好,他的诗比他的画好,他的画比他的小说好,而他的浪漫气质,由这一种浪漫气质而来的行动风度,比他的一切都要好。"当时郁达夫的这番话,主要是对曼殊的粉丝们说的。当时胡适著述《白话文学史》时,未把曼殊之成就写进去,于是一些粉丝就不满了。实际上是胡适的《白话文学史》只对唐以前和唐代的作品进行了点评,怎么能把苏曼殊写进去呢?从达夫先生上述的话,看得出达夫对曼殊的小说最为不屑。其实照我的看法,达夫自己的小说也远不如他的散文和古体诗,他的小说也是一种诗意小说,而曼殊的小说则还没有脱离旧小说的窠臼,因为他生活的时代正好处在清末民初,还没有迎来白话文的时代。

苏曼殊一生著述甚多,诗歌、小说、译文,还有绘画等。他是南社的重要成员之一。他所处的时代用的基本是文言文,当时的白话文,就是所谓把话记下来的一种文体,在文学语言中是难登大雅之堂的。施蛰存先生晚年回忆年轻时读曼殊诗歌的情景时说,当时的文艺青年无不风靡苏诗。

苏曼殊最有名的一首诗,也是最能反映他心境,同时也书写了浙江的便是这首《本事诗》(其一):

春雨楼头尺八箫,何时归看浙江潮。
芒鞋破钵无人识,踏过樱花第几桥。

这里"尺八"和"樱花"都代称日本,而"芒鞋""破钵"又是出家人的符号。

曼殊的母亲是个日本人,当时他的父亲在日本做茶叶生意，在广东已经有老婆了，但在日本又找了两个女子。明娶的妾叫河合仙，而为他生子的是女仆若子，一说是河合仙的妹妹。曼殊自小是河合仙带的，河合仙将他视为己出，他的生母若子后来与曼殊父亲脱离关系，还乡不复返了。光绪十五年（1889），父亲带他回国。甲午海战之后，中国人对日本人都有一种情绪，厌日反日的情绪，这对长大之后曼殊的心理是有影响的，而他第一次进佛门也跟此事有关。现在有一种说法，说他早慧，四岁时在日本即能伏地画狮子，栩栩如生。也有说他本人从小就愚钝，不通文墨，并非像郭沫若等少年就露出天才相了。这样的传闻，本来就是故事的一个组成部分。另有一传闻说，在他四岁那年，有日本相士抚其头叹曰："是儿高抗，当逃禅，否则非寿征也。"

苏曼殊虽然早慧，但回国之后整个人就很愚钝了，并未显出艺术家之灵性，说他在近20岁时不要说作诗，写字尚缺笔少画。不过这种说法可能是中日文化的差异引起的，日本的汉字比起中国的汉字来缺笔少画反而是正常的。但为什么后来成为大才子了呢？那就是靠他的悟性。不光是悟，还有经过陈独秀、章士钊等高人的指点，曼殊很快就出语殊妙，浑然天成，写出了许多当时即为人称道、今天仍有生命力的好作品，如《断鸿零雁记》《绛纱记》《焚剑记》《非梦记》等。绘画上亦如此，苏曼殊未上过正规艺术学校，也未师从任何大师，但其画却连黄宾虹也盛赞。这里面除了文人墨客的追捧之外，也应有他的确是悟到了一些艺术真谛的原因，这也符合他对悟道的理论。他在《燕子龛随笔》中曾有这样的话："泰西学子言：'西人以智性识物，东人以感情悟物。'"可见他是极信悟的。因为就他对佛的理解，他是很难做到去身体力行的，所以他只能靠悟的办法。而要让他修行，那就做不到了，因为他是不按常理出牌的，他本身就是一个佛门的叛逆者。

传说苏曼殊在杭州曾住过白云庵和灵隐寺，也住过凤林寺旁的陶社（今香格里拉饭店附近）。传闻他住在庙里时，白天睡觉，而晚上则在西湖边行走，有时一走就是一夜，直到黎明才回寺院里。他有时还会向住持借钱寄往上海的妓院，过一阵子之后，就会有人给他带来水果糖和香烟等。当时大家都觉得他是个怪人，但因为那时曼殊已是名士，所以对他也无多少约束了。

据说苏曼殊第一次出家是迫于生计，第二次是受感情刺激。

他当年在日本时爱上了一名叫菊子的日本女子，但广东的家里反对。当时曼殊的父亲已经去世，而父亲的大老婆陈氏大权独揽，河合仙自然说不上什么话，那个痴情的菊子最后为他殉情，跳海自杀。

这个事情对曼殊的打击甚大，后来他写作《断鸿零雁记》跟此事直接有关。于是第二次出家。

第三次呢，则是因为革命热情受挫而出家。他的行为是游走于半俗半僧之间，算是真正的特立独行。我觉得有几点值得我们考虑：第一个点，一百年前的留洋首选就是日本，所以对日本文化的那种钟爱当中，也包括日本女子，康有为、辜鸿铭、周作人、郭沫若等都娶日本女子为妻，李叔同也带日本女子回国生活；第二个点，是性格上的原因，如果你让苏曼殊不还俗，那就不叫诗僧情僧了。佛门是净地，但中国老百姓爱看"酒肉穿肠过，佛祖心中留"的故事，这是世俗生活的乐趣，也是今朝有酒今朝醉的乐趣。这位苏兄，传说中在佛门里抓了鸽子还要做成五香鸽子来吃，所以被逐出佛门是情理中的事情。佛教的清规戒律颇多，其中有五条最根本的要求，即"五戒"：不杀生，不偷盗，不淫欲，不妄言，不饮酒。

而这位苏兄在我看来是"五戒"皆犯。清末民初的革命也多为暴力革命，其中暗杀也是常用的一个手段。苏曼殊当年也是一热血青年，正如蔡元培，做北大校长时已经是一儒者形象了，但早年却也是制造炸弹的狂热分子。苏兄不但在其小说中歌颂暴力革命，而且还亲力亲为，策划暴力事件，即使在第三次出家之后，他还欲暗杀保皇党首领康有为。至于说酒肉穿肠过，那是小事一桩，而且他又是中国文人中的一个著名吃货。不过分地说，他的吃已经完全到了病态甚至病入膏肓的地步，可以说他是吃死的。

当然也正因为他的革命倾向，他被当作一个正面形象来传颂。当年的革命者，只要是革命者，谁是不赞成暴力的？

苏曼殊墓

纵观苏曼殊的一生，从他的恋爱史可以看出，他是一个热恋爱冷结婚的人。曾有人说他可能有某种生理缺陷，但这毕竟没有医学证明，只是猜测而已。而且从记载看，也曾有青楼女子愿意从良嫁给他，这说明他的生理似无问题。但是我们想想，一个人要从热恋爱过渡到冷结婚，从一百摄氏度一下子掉到零摄氏度，也是有相当难度的，这就是他玩的游戏。好在他有一个理由，即佛门不便论娶，然后就写诗给这些姑娘们。姑娘们有的是青楼女子，有的是恩师之女，有的则是东洋女子，他的诗也常写跟这些女子的交往：

本事诗（其四）
乌舍凌波肌似雪，亲提红叶索题诗。
还卿一钵无情泪，恨不相逢未剃时。

这一点他也是继承了他父亲苏杰生的秉性，如前所述，曼殊就是父亲与日本女子的私生子。而且苏兄又喜记日记，包括他跟青楼女子的名字、场所及费用等，都有记录。有人给他算过一笔风流账，说他日记中用来嫖妓的资金达 1877 元，而当时女仆的月工资仅 1 元。如果折合今天的人民币，那资金已经达到 6 位数，逼近 7 位数了。这是何等的花费啊！另外，我们也得知道，他并非是一个阔人，但是却挥金如土，视金钱如粪土，基本上属于今朝有酒今朝醉的状态。而且他时常把朋友的钱当作自己的钱，借了不还是常有的事情。有时主人不在，他也会取人钱财。这方面，他的朋友陈独秀、章士钊等都领教过他的做派。

但是在他笔下以及他人的记述中，他总是一个苦和尚的形象，这和现实是有极大反差的，可见他很懂得包装术。比较客观地说，苏曼殊是一个理论上的苦行僧，行动上则是一个享乐主义者，且享乐已到了极致的程度。

比如他极度喜欢吃甜食和冰饮食品，又喜欢吃五香牛肉，每次都得大啖一顿，所以他有"糖僧"和"牛肉大师"之称。他觉得人生之乐在于吃，今日之美食，乃明日之埃尘也，所以不吃白不吃。即使明知吃了肚子会不舒服，他也照吃不误。这实际上是一种很变态的行为了。朋友也常以美食诱之，诱他作画，画好后即大啖一顿，所以他几乎每吃必多，每多必病，然而他依然乐此不疲，即使所谓吃花酒的场合，一般男人可能是醉翁之意不在酒，而他却是不放过每一次吃的机会。也有人说，他是世上控制性欲之第一人（前面已经有人推测过其生理有问题），又是控制食欲之倒数第一人，寄情于吃，而且又是僧人身份，所以他的修行自然是成问题的。最后，他死于肠胃之疾。

中国的普通百姓，对和尚寄托了一种很奇怪的感情，特别是对有文化的所谓高僧，一方面说明我们的确是不太讲什么信仰的，另一方面我们从和尚可以酒肉穿肠过的行为当中，得到了安慰和解脱：连出家人尚且如此，那么我们又何必禁欲呢？

问题是苏曼殊的吃甜食和牛肉等，已非饕餮，而成了一种病态。

如此一非僧非俗之人、非文非佛之辈，尚能名留青史，这说明在中国自古以来都是可恃才傲物的，也可以看出当时的中国应该说还是比较宽容的，对苏曼殊这种有如此品性的人，还是颇多赞美之词的，因为他做了我们所不能做的事情。然而他又跟李叔同不一样，李叔同是义无反顾不回头了，而他却时常回首世俗生活，这更像我们普通人，有着不少的缺点，而其灿烂的才华，又遮掩了他的若干谬误。我想，这就是苏曼殊，这位逝于100年前的先辈，今天想来还是能让人感慨一番的。

据说李叔同生前的最后一幅字是"悲欣交集",曼殊最后的遗言是"一切有情,都无挂碍"。苏曼殊是因肠胃疾病而在上海广慈医院病逝的,时为1918年,年仅35岁。后来在柳亚子等南社社员的集资下葬于西湖孤山北麓、西泠桥南堍,并建有曼殊塔。

曼殊走了之后,他的十多岁的侄女苏绍琼写出了一首感天动地的诗作,不久后也即服毒自杀。诗如下:

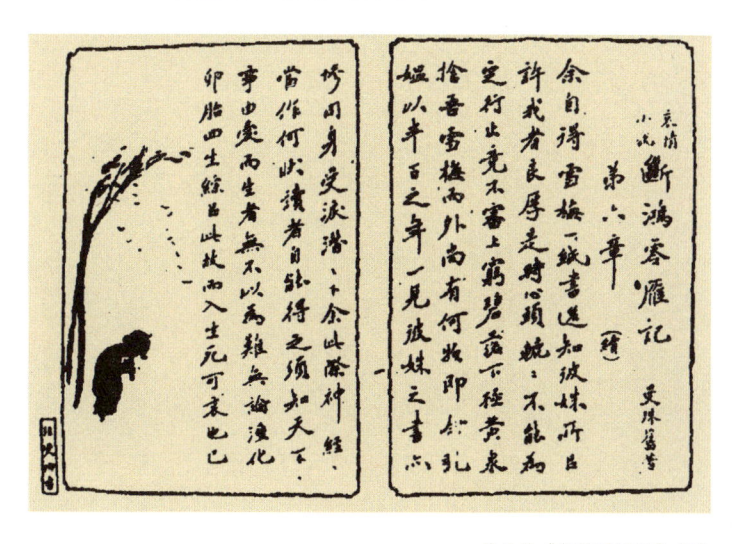

> 诗人,飘零的诗人!
> 我,你的小侄女!
> 仿佛见着你:
> 穿着芒鞋,托着破钵,
> 在樱花桥畔徘徊着。
> 诗人,飘零的诗人!
> 我又仿佛见着你:
> 穿着袈裟,拿着诗卷,
> 在孤山上哦吟着。
> 寂寞的孤山呀,
> 只有曼殊配做你的伴侣!

苏曼殊《断鸿零雁记》书影

曼殊走了之后,他的好友柳亚子先生曾编辑他的作品出版,是为《苏曼殊全集》。

曼殊的小说,基本上是用浅显的文言文写成,但是他译雨果的《悲惨世界》,倒是用的白话文。他的《断鸿零雁记》一定程度上就是他的自传,当时发表时是非常轰动的。可以这么说,曼殊是那个时代最为流行的文化符号,据杭州人施蛰存后来的回忆说,他们年轻时非常痴迷曼殊的文字,那是一种时尚的行为。这也真是:一切有情,都无挂碍。

参考文献

1. 吴玄、李璐、钱益清编：《钱塘江畔是谁家》，浙江文艺出版社，2016年。
2. 〔清〕沈复：《浮生六记》，甘肃人民出版社，2010年。
3. 〔唐〕白居易：《白氏长庆集》，《摘藻堂四库全书荟要》本。
4. 〔明〕张岱：《西湖梦寻》，《武林掌故丛编》本。
5. 〔清〕梁诗正等：《西湖志纂》，文渊阁《四库全书》本。
6. 〔宋〕林和靖：《林和靖集》，文渊阁《四库全书》本。
7. 〔元〕脱脱等：《宋史》，中华书局，1977年。
8. 〔宋〕陆游：《剑南诗稿》，《摘藻堂四库全书荟要》本。
9. 〔明〕张岱：《陶庵梦忆》，《粤雅堂丛书》本。
10. 〔美〕史景迁：《前朝梦忆——张岱的浮华与苍凉》，温洽溢译，广西师范大学出版社，2012年。
11. 〔宋〕岳珂：《金佗稡编》，文渊阁《四库全书》本。
12. 〔宋〕文天祥：《文山先生全集》，《四部丛刊初编》本。
13. 上海人民出版社编，马勇整理：《章太炎全集·太炎文录补编》，上海人民出版社，2017年。
14. 张寿镛辑，〔明〕张煌言撰：《张苍水集》，《四明丛书》本。
15. 中国人民政治协商会议浙江省委员会文史资料研究委员会编：《浙江文史资料选辑》第三十辑，浙江人民出版社，1985年。

16.浙江省辛亥革命史研究会、浙江省图书馆编：《辛亥革命浙江史料选辑》，浙江人民出版社，1981年。

17.郑幸：《袁枚年谱新编》，上海古籍出版社，2011年。

18.〔清〕袁枚：《小仓山房诗集》，清刻本。

19.〔清〕袁枚：《随园食单》，清刻本。

20.郭延礼：《龚自珍年谱》，齐鲁书社，1987年。

21.〔清〕龚自珍：《龚定盦全集》，清道光十五年（1835）刻本。

22.〔清〕俞樾：《俞曲园全集》，清光绪二十五年（1899）刻本。

23.徐澄编：《俞曲园先生年谱》，载《晚清名儒年谱》第八册，北京图书馆出版社，2006年。

24.郑振铎编：《晚清文选》，生活书店，1937年。

25.朱有瓛主编：《中国近代学制史料》（第一辑下册），新华书店，1986年。

26.陈益民编：《大家评大家》，天津人民出版社，2011年。

27.王荣泰、王琳涵主编：《名人故事》，新华出版社，2015年。

28.郁达夫：《屐痕处处》，复兴书局，1936年。

29.《全唐诗》，中华书局，1980年。

30.〔宋〕范仲淹：《范文正公集》，《四部丛刊初编》本。

31.刘斌杰主编：《灿烂中华文明·艺术卷》，贵州人民出版社，2006年。

32.〔清〕董诰等编：《全唐文》，中华书局，1983年。

33.〔唐〕陆羽著，沈冬梅著：《茶经》，中华书局，2010年。

34.〔元〕辛文房：《唐才子传》，古典文学出版社，1957年。

35. 周膺、吴晶:《西溪望族》,杭州出版社,2012 年。

36.〔清〕洪昇著,〔清〕吴人评点:《长生殿》,上海古籍出版社,2016 年。

37.〔清〕洪昇:《稗畦集》,载《清代诗文集汇编》(165),上海古籍出版社,2010 年。

38.〔清〕李渔:《笠翁一家言诗词集》,载《李渔全集》(第二卷),浙江古籍出版社,1991 年。

39.〔清〕李渔:《闲情偶寄》,载《李渔全集》(第三卷),浙江古籍出版社,1991 年。

40. 单锦珩:《李渔年谱》,载《李渔全集》(第十九卷),浙江古籍出版社,1991 年。

41.〔清〕陈端生:《再生缘》,中州书画社,1982 年。

42. 廖久明主编:《郭沫若研究文献汇要》(卷三 交往卷),上海书店出版社,2012 年。

43.〔清〕左宗棠:《左宗棠全集》第十二册《书牍》,上海书店出版社,1986 年。

44.〔清〕丁丙编撰:《武林坊巷志(第五册)》,浙江人民出版社,1987 年。

45.〔清〕孙树礼、〔清〕孙峻:《文澜阁志》,《武林掌故丛编》本。

46.〔日〕夫马进:《中国善会善堂史研究》,伍跃、杨文信、张学锋译,商务印书馆,2005 年。

47. 苏曼殊著,柳无忌编:《曼殊大师纪念集》,上海书店出版社,1949 年。

48. 来凤仪编:《郁达夫书话》,浙江人民出版社,1999 年。

丛书编辑部

艾晓静　包可汗　安蓉泉　李方存　杨　流
杨海燕　肖华燕　吴云倩　何晓原　张美虎
陈　波　陈炯磊　尚佐文　周小忠　胡征宇
姜青青　钱登科　郭泰鸿　陶文杰　潘韶京
（按姓氏笔画排序）

特别鸣谢

楼含松　卢敦基　江弱水（系列专家组）
魏皓奔　赵一新　孙玉卿（综合专家组）
夏　烈　李杭春（文艺评论家审读组）

图片作者

于广明　艾　琳　卢晓明　张国栋　周兔英
郑从礼　胡　鉴　胡丽芳　姜青青　洪保平
贺勋毅　韩　盛　锈　剑　蔺富仙
（按姓氏笔画排序）